SINAIS
ALÉM DA CRIATIVIDADE

Wellington Luiz de Oliveira da Rosa
Adriana Fernandes da Silva
Evandro Piva

SINAIS
ALÉM DA CRIATIVIDADE

1ª edição

Pelotas, RS, Brasil
2018

Título original: *Sinais – Além da Criatividade*

Copyright © 2018 por EWBIO Ltda.

Todos os direitos reservados. Nenhuma parte deste livro pode ser utilizada ou reproduzida sob quaisquer meios existentes sem autorização dos editores.

Preparação de originais: Wellington Luiz de Oliveira da Rosa, Adriana Fernandes da Silva e Evandro Piva

Projeto de Capa: Wellington Luiz de Oliveira da Rosa e Evandro Piva

Imagem de capa: Pixabay

Revisão gramatical: Karin E. Rees de Azevedo

Impressão e acabamento: Amazon

Todos os direitos reservados, no Brasil, por EWBIO Ltda.
e-mail: ewbio@ewbio.com.br
www.ewbio.com.br

Autores

Wellington Luiz de Oliveira da Rosa

É doutor em Biomateriais e Biologia Oral – Ênfase em Materiais Odontológicos – e mestre em Odontologia - Área de Concentração em Dentística – pelo Programa de Pós-Graduação em Odontologia da Universidade Federal de Pelotas (PPGO, UFPel/RS). Possui MBA em Gestão Estratégica de Negócios (UFPel/RS). Atua nas áreas de propriedade intelectual (patentes, prospecção tecnológica, transferência de tecnologia), e em ensaios clínicos e revisões sistemáticas com meta-análise.

Adriana Fernandes da Silva

Professora Associada da Faculdade de Odontologia da Universidade Federal de Pelotas (UFPel, RS, Brasil). É Pós-doutora pela *University of Michigan* (Michigan, Estados Unidos). Doutora em Biologia Buco-Dental pela Universidade de Campinas (UNICAMP, Campinas, SP, Brasil) e Mestre em Odontologia - Área de Concentração em Dentística - pelo Programa de Pós-Graduação em Odontologia da Universidade Federal de Pelotas (PPGO, UFPel/RS). É coordenadora do Laboratório de Cultivo Celular e de Biologia Molecular (NCT-BIO) e integrante do Centro de Desenvolvimento e Controle de Biomateriais (CDC-Bio, UFPel). Possui 13 patentes de invenção, 3 livros publicados e mais de 50 artigos publicados em periódicos nacionais e internacionais, especialmente, nas áreas de biologia celular e molecular, engenharia biomédica e desenvolvimento de novos biomateriais.

Evandro Piva

Professor Associado da Faculdade de Odontologia da Universidade Federal de Pelotas (UFPel, RS, Brasil). É Pós-doutor pela *University of Michigan* (Michigan, Estados Unidos). Doutor em Materiais Dentários pela Universidade de Campinas (UNICAMP, Campinas, SP, Brasil) e Mestre em Odontologia - Área de Concentração em Dentística - pelo PPGO (UFPel/RS). É integrante do Centro de Desenvolvimento e Controle de Biomateriais (CDC-Bio, UFPel) e bolsista de produtividade em pesquisa Nível 1D do Conselho Nacional de Desenvolvimento Científico e Tecnológico (CNPq). Além disso, atuou como Coordenador de Programa de Pós-Graduação, Diretor Executivo do Núcleo de Inovação Tecnológica (Agência de Gestão Tecnológica da UFPel) de 2010 a 2012, e foi Coordenador de Desenvolvimento, Cooperação e Sustentabilidade da Pró-Reitoria de Extensão e Cultura (PREC) da UFPel de 2014 a 2017. Possui 24 patentes de invenção, e mais de 150 artigos publicados em periódicos nacionais e internacionais, especialmente, nas áreas de desenvolvimento e avaliação de biomateriais.

Para nossas famílias, pelo apoio durante os momentos de adversidades e alegrias.

Ao Matteo, a Sofia e a Lívia, pela alegria juvenil que nos mostra que a felicidade está nos momentos mais simples do dia a dia. E por nos mostrarem, continuamente, que manter a mente aberta é primordial para a criatividade.

Apresentação

Em um período em que mudanças acontecem constantemente, o pensar fora da caixa já não é suficiente para que as empresas se mantenham no mercado. Não importa o setor, os produtos têm ciclos de vida cada vez mais curtos. E empresas que sempre seguiram as mesmas regras de estratégia para a devida manutenção no mercado já perceberam que o que funcionava antes não funciona mais. Todo o tempo, novas descobertas são reportadas pela ciência, em vários cantos do planeta. Muitas das quais contradizem padrões antigos que até então eram considerados como verdades absolutas.

O ponto de partida para essa mudança é o que se chama de inovação. E de fato essa é primordial para este processo. Para isso, é preciso ir além do pensar diferente, é preciso mais do que mudar hábitos antigos, ter novas ideias, desenvolver novos produtos, criar novas empresas. Hoje, com a complexidade de dados e de informações disponíveis, o mundo ficou complicado demais para alguém dominar e contribuir em diferentes áreas. Não importa a nacionalidade, a expertise ou a área de atuação, os pequenos (e grandes) avanços acontecem a todo momento. A multidisciplinaridade, a associação de conhecimentos e a capacidade de aprender são fatores chave para compreensão mais completa do que nos cerca. Se o período do Renascimento foi rico em pessoas capazes de levarem o conhecimento a um novo patamar, com a grande quantidade de dados e informações disponíveis que existem hoje, as possibilidades se tornam infinitas. É tempo de olhar para trás e se preparar para dar o próximo passo.

O problema é que é difícil analisar o passado, pensar diferente e, enfim, inovar. Na fase adulta já estamos tão condicionados com os velhos paradigmas que temos a tendência de nos sentir mais confortáveis agindo do modo que sempre fizemos. Alguns chegam a acreditar que a criatividade está restrita aos gênios, como: Leonardo Da Vinci, Henry Ford, Albert Einstein. Como se a criatividade fosse expressa pelo DNA e fosse uma capacidade impossível de ser desenvolvida. Os hábitos mais antigos estão entranhados tão fortemente na nossa essência que a mudança e o pensar diferente podem ser quase um sacrifício. Só que mudar é necessário. É a capacidade de mudar que nos permite desenvolver novas habilidades, aprender novos assuntos e ter novas ideias. A mudança é o ponto de partida para a inovação.

Há alguns anos ao fazer um trabalho de conclusão de curso da graduação, a atividade envolvia, basicamente, analisar o setor científico e tecnológico de um produto. Pesquisamos o máximo de patentes e estudos do assunto. Na época, não se fazia ideia do que se poderia encontrar. Aquele estudo, que de início pareceu um trabalho relativamente simples, escondia por trás uma ferramenta riquíssima de análise de dados e informações para inovar. O processo de trabalhar com tamanha quantidade de dados se mostrou um exercício de estudo, de paciência, de foco e de criatividade. Não era como os outros estudos, em que as análises mostram por vezes diferenças estatisticamente significantes sem uma clara ideia de relevância. Havia tanta informação advinda do *pool* de dados que era difícil processar e interpretar o que poderia surgir daqueles dados. Eram tantos "sinais" que saltavam aos olhos para oportunidades de pesquisas e inovações, não só naquele setor, mas em outros. E a partir daquele estudo, outros foram surgindo, e se foi a fundo no mecanismo por trás do processo de inovação. Nos últimos anos aprimoramos as ferramentas e as metodologias, e desenvolvemos a Teoria dos Sinais da Inovação, que será abordada aqui. Mostra-se, passo a passo, o processo que vem antes da inovação durante as cinco partes desse livro. Acreditamos que o conhecimento adquirido nesse tempo pode colaborar com o aprimoramento de métodos difundidos de inovação das últimas décadas.

Identificamos também que os modelos de inovação tratam de um passo primordial que é a identificação do problema. O problema é a base inclusive da TRIZ (Teoria para a Solução de Problemas Inventivos), uma teoria desenvolvida na União Soviética, que trata que as inovações vêm de contradições que podem ser solucionadas com princípios inventivos. Embora alguns problemas sejam óbvios de serem identificados, alguns ficam invisíveis para a mente. E esses problemas funcionam como lacunas de desenvolvimento científico e tecnológico, e são espaços nos quais os pesquisadores, inventores e empresas podem inovar.

Todos os autores desse livro são pesquisadores da área da saúde (odontologia). Atuar em inovação na odontologia pode não parecer usual (e talvez não seja mesmo!). Talvez, por isso, gostamos de explicações científicas e tenhamos uma visão bastante sistemática do processo criativo. Esse processo não é exclusivo de grandes mentes, muito menos a quem tem o lado direito do cérebro potencializado. Atuamos na Universidade Federal de Pelotas (UFPel), uma universidade pública localizada no Sul do Brasil. Fazemos parte do Programa de Pós-Graduação em Odontologia (PPGO) da UFPel, que conta com duas áreas de concentração: "Clínica Odontológica" e "Biomateriais e Biologia Oral". A área de "Biomateriais e Biologia Oral" conta também com ênfases em Materiais Odontológicos e Inovação Tecnológica. Essa última ênfase foi criada em 2017, e reflete os anos de pesquisa do grupo focado no desenvolvimento de novos produtos e inovações para o mercado. Abordamos nessa obra desde métodos e processos de pesquisa da informação científica (busca, seleção e análise de artigos científicos), bem como pesquisa tecnológica (busca, seleção e análise de patentes), até a redação de patentes e oferta tecnológica que geram a expectativa de introdução de inovações em produtos ou tecnologias no mercado por empresas.

Em um dos capítulos deste livro abordamos a importância das colaborações e do compartilhamento de conhecimento para a inovação. De certa forma, ele resume o objetivo principal deste livro: compartilhar o conhecimento e difundir a ciência de maneira clara, simples e objetiva. O desafio foi traduzir o conhecimento adquirido em um livro que fosse, ao mesmo tempo útil, altamente informativo e diferente dos demais da área de inovação. "*Sinais – Além da criatividade*" foi a forma que escolhemos para difundir o conhecimento da área de inovação, não o deixando restrito aos artigos publicados ou patentes depositadas.

Na Teoria dos Sinais da Inovação, os dados e informações disponíveis são a fonte de "sinais" que vão permitir identificar lacunas de desenvolvimento. São os "sinais" que norteiam a definição dos problemas e auxiliam a encontrar as melhores soluções. Dessa forma, é possível obter novas ideias que podem ser transformadas em inovações. Ao longo do livro abordaremos as etapas a caminho da inovação de novos produtos e tecnologias. Esta obra está dividida em cinco partes: I – A Teoria dos Sinais da Inovação; II – Estado da Técnica; III – Estado da Arte; IV – Monitoramento Científico-Tecnológico; V – Ligando os Sinais. Para tornar o livro mais didático e de melhor compreensão, ao final de cada parte incluímos um tópico de "Pontos principais", de modo a sumarizar as principais informações contidas.

Todas as análises científico-tecnológicas mostradas neste livro são exemplos reais que foram realizados ao longo dos últimos anos. Alguns exemplos são do setor odontológico, que é nossa área de formação. Todos os métodos e ferramentas podem se estender a outras áreas, e esperamos que outros possam explorar e adequar de maneiras ainda melhores que as que desenvolvemos. A largada está dada, e esperamos que cada passo o leve ao destino final desta jornada: a inovação!

Wellington Luiz de Oliveira da Rosa
Adriana Fernandes da Silva
Evandro Piva

Prefácio

Hoje, é senso comum que países, organizações e indivíduos precisam inovar. Apesar do grande número de profissionais, empresas e instituições que buscam serem inovadores, são poucos os projetos que conseguem, de fato, decolar.

Há quem diga que o problema é a falta de investimentos e de recursos financeiros para inovação. Por sua vez, ao conversar com investidores com os mais diversos perfis, o comentário que mais se ouve é que faltam bons projetos para serem investidos.

Cenário semelhante se descortina quando se conversa com mentores ou consultores que trabalham com startups. Ao final de ciclos de mentoria ou aceleração, quando se pergunta quantos são os projetos em que os colegas gostariam de investir, a resposta costuma ser: um ou outro, se muito.

Uma figura comumente utilizada em processos de inovação é um filtro ou funil, em que os "bons projetos" passam para as próximas etapas. Para aumentar o "output", a alternativa comumente adotada é aumentar o "input". Algo como aumentar o tamanho da boca do funil, na esperança de que mais preciosidades possam ser garimpadas ao final do processo. Todavia, além de pouco efetivo, este processo quantitativo tende a se mostrar totalmente infrutífero. De nada adianta aumentar o volume de entrada, se não houver o que ser garimpado. Simples assim.

Infelizmente, este é o quadro que muitas vezes se vê aqui no Brasil. Apesar da reconhecida criatividade e capacidade de lidar com adversidades, ocorre pouca efetividade na hora de gerar bons projetos. Desperdiça-se criatividade, tempo e recursos reinventando a roda e, quando se inventa algo realmente bom, alguém vem e "rouba" a ideia. É como apostar na loteria e jogar o bilhete fora.

Este é o contexto que serve como pano de fundo para este livro. "Sinais – Além da Criatividade" é uma obra que tem como mérito compartilhar conhecimentos sobre como é possível criar, de forma mais efetiva, e sobre como se pode apropriar das criações.

Voltando à metáfora do funil, este é um livro que ensina sobre como é possível enriquecer a qualidade do "input" e sobre como se pode aumentar a efetividade do "output". Certamente, existem diversas abordagens, e as aqui apresentadas não se estendem para todos os casos. Por outro lado, especialmente para projetos em que o componente técnico tem um maior peso, o texto prima sobre o uso de informações já existentes (particularmente em patentes e em publicações técnicas e científicas) como ponto de partida para a identificação de problemas, bem como de potenciais soluções e novas oportunidades. E, o que é melhor: a partir do ponto de vista de profissionais que aprenderam fazendo na prática.

Henry Suzuki
Diretor Geral da Axonal Consultoria Tecnológica
Especialista em Inovação e Informações Tecnológicas
Empreendedor e Inventor
Co-Criador da Rede Mentores do Brasil

Sumário

Introdução
Os Desafios da Universidade 19

Parte I Teoria dos Sinais da Inovação 23
Capítulo 1: Mudanças por todos os lados 25
Capítulo 2: Inovação?!? 28
Capítulo 3: Um olhar no futuro 30
Capítulo 4: Um lado só 32
Capítulo 5: Criatividade 34
Capítulo 6: Aprender a aprender 37
Capítulo 7: A TRIZ 40
Capítulo 8: A Teoria dos Sinais da Inovação 42
Capítulo 9: O estado da arte e o estado da técnica 45
Pontos principais 48

Parte II Estado da Técnica 49
Capítulo 10: Fique atento aos sinais! 51
Capítulo 11: Patente 53
Capítulo 12: Patentear ou manter segredo industrial? 56
Capítulo 13: Tempos 59
Capítulo 14: Para que servem as informações das patentes? 65
Capítulo 15: Fontes de informações tecnológicas 67
Capítulo 16: Dados para análise tecnológica 72
Capítulo 17: Classificação Internacional de Patentes (CIP) 75
Capítulo 18: Bases de dados 78
Capítulo 19: Busca em bases de informação tecnológica 81
Capítulo 20: Triagem da informação tecnológica 85

Pontos principais 87

Parte III Estado da Arte 89
Capítulo 21: Informação científica 91
Capítulo 22: Fontes de informação científica 93
Capítulo 23: Dados para análise científica 94
Capítulo 24: Bases de informação científica 97
Capítulo 25: Busca em bases de informação científica 99
Capítulo 26: Triagem da informação científica 105
Pontos principais 107

Parte IV: Monitoramento Científico-Tecnológico 109
Capítulo 27: Elemento-chave 111
Capítulo 28: Monitoramento científico-tecnológico 113
Capítulo 29: Identificando os sinais 118
Capítulo 30: Interligando dados 128
Capítulo 31: Estatística 132
Capítulo 32: Faça as perguntas certas 137
Capítulo 33: Cuidado com interpretações equivocadas 139
Pontos principais 141

Parte V Ligando os Sinais 143
Capítulo 34: Encontrando as lacunas 145
Capítulo 35: Gestão de ideias para inovação 148
Capítulo 36: Intuição 153
Capítulo 37: Pense como uma criança 155
Capítulo 38: Processo criativo 157
Capítulo 39: Mudar é inevitável 159
Capítulo 40: Colaborações 161
Capítulo 41: Limites 164
Capítulo 42: Conexões 166
Capítulo 43: Questão de tempo 168
Capítulo 44: O "melhor" fracasso 170
Capítulo 45: Cuidado com a abordagem alienante 173

Capítulo 46: Dos sinais às inovações *175*
Capítulo 47: Sinalizações erradas *178*
Capítulo 48: Além dos produtos *180*
Capítulo 49: Isso é realmente um problema? *183*
Capítulo 50: Oportunidades ocultas *185*
Capítulo 51: O teste final *189*
Pontos principais *191*

Epílogo
O Início da Inovação *195*

Agradecimentos **199**

Referências **201**

Apêndices **207**

Introdução
Os Desafios da Universidade

A necessidade de frequentar uma Universidade ainda é tida como um investimento necessário para alcançar melhores salários e condições no mercado de trabalho. Ocorre que se vivem momentos de grandes e profundas transformações socioeconômicas, com um cenário dinâmico em que apenas a formação acadêmica já não garante uma posição estável no mercado de trabalho. Consequentemente, é comum encontrar talentosos jovens que não precisaram concluir a graduação para conquistar um destacado espaço no mercado de trabalho.

Há muito tempo se percebe que algo está faltando no ambiente de formação acadêmica. De fato, a maior parte do sistema educacional brasileiro ainda está voltada para a produção em série da era industrial. Atualmente, está-se debatendo as transformações que serão trazidas pela Indústria 4.0. Esse conceito se baseia em produtos e produção inteligente, cujos processos envolvem conectividade, eficiência e customização. Neste contexto, a sociedade está diante dos desafios da quarta revolução industrial com a demanda urgente de implementar grandes transformações nos tradicionais sistemas de ensino. Inevitavelmente, o quão rápido as nações adequarem uma Educação 4.0 irá determinar a posição global nesta nova revolução industrial em andamento. Paradoxalmente, as mudanças partindo da atualização dos projetos pedagógicos acontecem nas universidades com uma velocidade bem menor que as mudanças no mercado de trabalho.

Pode-se citar o caso da introdução da inteligência artificial ou plataforma cognitiva *Watson Discovery Advisor* da IBM. Mostrando ser um meio rápido, acurado e preciso para responder questionamentos, que podem prever que, se difundida, essa tecnologia poderá impactar áreas como o Direito e, consequentemente, afetando o mercado de trabalho. Essa ferramenta está sendo testada em pesquisas e projetos de desenvolvimento da área farmacêutica e de biotecnologia. Seria possível imaginar dados de mercado, riscos tecnológicos, ameaças de concorrentes e custos da cadeia de produção disponíveis quase que instantaneamente e concomitante ao momento da concepção de uma nova ideia de desenvolvimento de fármaco. Quanto à formação de recursos humanos, o que pode ser feito é estimular o desenvolvimento de habilidades, considerando novas tendências.

Uma das principais críticas sobre o modelo de universidade predominante, no Brasil, atualmente, é que a formação acadêmica tem basicamente a missão da formação e qualificação de recursos humanos para a prospecção de emprego (atender demandas) e não para gerar empregos (formação de empreendedores). Muito pouco se tem avançado com metodologias ativas de sensibilização, apoio e promoção ao empreendedorismo. Iniciativas como as empresas júniores e as incubadoras de empresas ainda são tratadas como projetos, na maioria das universidades. Se ao invés de defender um trabalho de conclusão de curso para uma banca, o aluno pudesse optar por construir e apresentar um plano de negócios a investidores em muito se avançaria em prol de formação empreendedora. Tal iniciativa exigiria, também, dos docentes as atuações como *mentores* ou *coach*, além da tradicional postura de orientação científica.

No que se refere ao sistema de pós-graduação no Brasil, os sistemas de avaliação consideram, primordialmente, indicadores como produção científica publicada em periódicos indexados de relevante fator de impacto. Alunos que ostentam bons números de publicações científicas, em currículo, têm a seu favor um bom diferencial para seleção de empregos na carreira docente na academia, que é ainda melhor se a produção for bem classificada conforme o sistema Qualis (CAPES/MEC).

O grande debate que se tem hoje é que o estímulo para a produção científica e a produção de indicadores advindos dos trabalhos de dissertação e tese tem levado a uma comunidade acadêmica centrada em esforços de projetos voltados à produção de conhecimento em curto espaço de tempo. Por outro lado, os projetos com maior grau de originalidade e maior potencial de inovação são considerados de maior risco ao cumprimento de metas balizadas em parâmetros de bibliometria como os artigos publicados. A geração de novas tecnologias e novas oportunidades pressupõe um maior engajamento com a ciência básica e uma melhor compreensão do cenário tecnológico do setor em questão. Neste contexto, a formação em nível de *strictu-sensu* deve ser repensada no Brasil, tendo em vista basicamente que a sociedade necessita de empreendedores dinâmicos e inovadores. Em que pese o grande salto presenciado, nos últimos anos, da presença das publicações Brasileiras no mundo, chegou o momento de se traduzir essa competência capaz de gerar artigos em competência de aumentar o PIB (Produto Interno Bruto).

Se os artigos representam o "estado da arte", as patentes representam o "estado da técnica" sobre determinado assunto, sendo elucidatórios documentos sobre como fazer um produto ou processo. Mesmo sendo tão detalhadas fontes de informações, os documentos de patentes raramente são acessados em buscas de pesquisas acadêmicas por discentes. Podem ser elencados vários motivos, mas o principal deles é o desconhecimento das formas de proteção intelectual e a falta deste tipo de cultura na academia.

Trabalhando em linhas de pesquisa de desenvolvimento de novos materiais, desenvolvemos uma cultura de traçar cenários científicos e tecnológicos para a área de interesse em pesquisa. Aprendemos a identificar oportunidades para publicar trabalhos e, principalmente, uma maneira de construir um cenário tecnológico com informações de patentes e de mercado. Consequentemente, as teses passaram a ter a combinação de estudos de revisão de literatura ou revisões sistemáticas, estudos experimentais e patentes. Essas teses passaram a ter um maior apelo comercial, gerando projetos de parcerias público-privada financiadas pelo sistema de inovação. Além disso, também geraram a formação de empresas regionais, como o caso da Yller Biomateriais (Pelotas, RS, Brasil).

O que sempre motivou o grupo envolve a busca por melhorias constantes nos biomateriais que são desenvolvidos. Para isso, é primordial que se tenha sempre a mente aberta a novas oportunidades, com um interesse incessante em fugir do que habitualmente se espera de pesquisa no Brasil. O que motiva a escrever esta obra é a necessidade de passar a mensagem de que o tempo de iniciação científica, mestrado, doutorado ou pós-doutorado pode fazer a diferença também para uma formação empreendedora. Espaços criativos, multidisciplinares e colaborativos em ambientes de alta qualificação técnica como laboratórios e programas de pós-graduação formam um caminho pavimentado para a inovação. Além da contribuição científica, proveniente dos trabalhos de dissertações e teses, as habilidades desenvolvidas e as inquietações frente às oportunidades detectadas durante esta fase da vida podem contribuir com a formação empreendedora e inovadora.

De certa forma, tenta-se, neste livro, demostrar uma maneira de buscar novos caminhos durante a execução de projetos, sem deixar de correr os riscos do imprevisível, "do novo" inerente aos projetos de inovação. Consequentemente, este livro é reflexo de todo o aprendizado acumulado nos últimos anos, seja na pesquisa básica ou aplicada e, especialmente, na área de proteção do capital intelectual.

Parte I
Teoria dos Sinais da Inovação

"Você nunca irá tropeçar com o inesperado se ficar somente com o que é familiar".
                                    Ed Catmull

SINAIS – ALÉM DA CRIATIVIDADE

Capítulo 1
Mudanças por todos os lados

A revolução industrial, a TV, o telefone, o computador, a internet, o celular, o *tablet,* o *smartwatch*, os videogames, a realidade virtual são algumas das mudanças da sociedade. Muitas mudanças aconteceram nos últimos cem anos, e se tem a impressão de que foram mais significativas que as que ocorreram em qualquer outra era da humanidade. A verdade é que se está constantemente mudando, e mudar é um requisito essencial para evolução e sobrevivência do ser humano.

As músicas, que faziam sucesso na última década, já não seguem a fórmula das que estão nas paradas de sucesso das rádios (os dos serviços de *streaming*) hoje. O mesmo vale para as superproduções do cinema, com orçamentos gigantescos e que não atraem tanto público como antigamente. É cada vez mais comum ver pequenos filmes dando lucro considerável, enquanto produções astronômicas naufragam nas bilheterias. Já não é tão óbvio prever quais canções, filmes e mesmo produtos farão sucesso ou não. É preciso mudar e inovar para ter (e manter) o sucesso das empresas.

Nas empresas, há muito tempo, já se sabe que ser líder de mercado, em um período promissor, não significa sucesso e lucro longínquo. Mesmo empresas com domínio tecnológico, recursos físicos e humanos, um mercado em expansão, uma marca fortalecida e liderança de mercado podem naufragar se não olharem o futuro com olhos atentos. Mesmo com todas as cartas na manga para triunfar, a Nokia, por exemplo, que por muito tempo esteve no topo do ranking das empresas de telefonia móvel, viu seu império decair com a quebra de paradigma que os *smartphones* trouxeram.[1] Essa modificação total de mercado poderia ter sido prevista?

Às vezes, é difícil enxergar à frente, mas mudanças como as que ocorreram no mercado de telefonia móvel costumam vir acompanhadas de uma série de "sinais" do que está por vir. Na década de 1990, calcula-se que a Nokia possuía cerca de 90% do lucro mundial do mercado de telefonia, e parecia ter tudo para seguir na liderança por muitos anos.[1] Ela já estava, até mesmo, adotando algumas tecnologias que dominariam os celulares na geração seguinte com as primeiras telas *touchscreen*, a liderança no mercado de câmeras portáteis e a distribuição de música. E foi uma das primeiras empresas a comercializar um celular com e-mail grátis. No entanto, pela complexidade da organização, a empresa ficou tão presa nos próprios conceitos que não soube aproveitar as vantagens de sair à frente, mesmo com a vontade dos próprios engenheiros em investir no setor, que depois a Apple, o Google e a Samsung dominariam. Até mesmo um membro do conselho da Nokia, posteriormente, relatou que a culpa maior do declínio foi da própria gestão interna da empresa, e não a concorrência, admitindo que eles demoraram demais para agir.[1]

Para permanecer no mercado, o desenvolvimento de inovações tem sido um dos principais objetivos estratégicos das empresas. De maneira geral, a inovação ocorre de três modos principais.[2] O primeiro modo envolve a forma contínua com pessoas/equipes estimuladas, por meio de programas ou concursos de ideias para melhorar os processos e produtos. Isso ajuda a promover melhorias incrementais na empresa, com aumento da eficiência, da produtividade e da qualidade e, também, com maior valor percebido pelos clientes. O segundo modo se desenvolve através de processos estruturados, que podem envolver pessoas, infraestrutura e tecnologia, sendo focados em pesquisa e desenvolvimento. E o terceiro modo ocorre por meio de projetos desenvolvidos por equipes, que têm recursos alocados, especialmente, para criar e experimentar as novidades. Um dos exemplos mais famosos dessa abordagem é com o Google X Lab, uma divisão específica do Google focada em projetos com inovações na fronteira do conhecimento: como o Google Glass, os balões que poderiam oferecer conexão à internet e o carro autoguiado.[3]

Assim, ao se analisar as empresas que se mantiveram no mercado por mais tempo, percebe-se que a inovação exerceu um papel fundamental para a sua longevidade. Caso o Google tivesse se mantido apenas como um site de busca de internet, não se teria visto inovações como o sistema Android, o Google Maps, o Street View, entre várias outras. O mesmo vale para a Apple, 3M, Procter&Gamble, Amazon, e tantas outras. A inovação não é mais um requisito adicional que apenas algumas empresas possuem. É um requisito obrigatório para que essas sobrevivam no mercado.

Capítulo 2
Inovação?!?

Inovação, talvez, seja um dos temas mais na moda nos negócios dos últimos anos. Quando se procura pela definição de inovação são encontradas as mais variadas descrições. Procurava-se um conceito mais simples, que explicasse o sentido da palavra em poucas palavras. O conceito acaba sendo bastante variado e depende, principalmente, da sua aplicação. Ao buscar o significado no dicionário se pode encontrar no Aurélio, que esse termo é descrito como uma "ação ou efeito de inovar, a introdução de alguma novidade na legislação, nos costumes, na ciência, nas artes, etc." É um conceito interessante, mas que pouco acrescenta para compreender a natureza da palavra.

Alguns relacionam inovação com ideias, mas a verdade é que essas duas estão mais distantes do que se poderia imaginar. Ideia está relacionada ao conhecimento, à intenção, ao plano. Naturalmente, o caminho para inovação envolve uma etapa de ideação, mas essa está mais relacionada com tornar as ideias realidade. A inovação não seria nada mais do que a exploração concreta de novas ideias. No entanto, esse conceito também não parece claro, nem reflete a ampla variedade de significados que a inovação pode ter.

Há, ainda, a confusão entre os conceitos de invenção e de inovação. Esses são bastante próximos, e estão intimamente ligados. Invenção estaria relacionada com a criação ou descoberta de algo novo, e pode envolver: produtos, desenhos industriais, processos. Inovação estaria relacionada com a aplicação dessas invenções, utilizando as ideias, os produtos, os processos desenvolvidos com uma aplicação prática no mercado. Ainda parece confuso?

A inovação também pode ser classificada de acordo com a finalidade (de produto, de processo, de modelo de negócio). Outros a dicotomizam em incremental ou radical, respectivamente, para casos de melhorias contínuas (evolução de uma escada para uma escada rolante, por exemplo) ou mudanças drásticas (evolução de uma escada para o elevador, por exemplo).[4,5] Vários estudos já mostraram que a longevidade de uma empresa pode ser explicada pela sua capacidade de realizar tanto a inovação incremental quanto a radical, sendo necessário um equilíbrio entre ambas.[4,6,7] A inovação radical é inerentemente mais incerta, envolve maiores níveis de risco e pode requerer um longo período de tempo em desenvolvimento.[4] A verdade é que quem inova fica em posição de vantagem sobre as demais empresas, independente do tipo de inovação que seguir. Mais do que simplesmente pensar diferente, a inovação envolve não pensar do mesmo jeito que sempre se pensa.

Para o antigo CEO do Google, Eric Shimidt, inovação "implica na produção e na implementação de ideias novas e úteis".[8] Talvez, uma das definições mais interessantes seja que a "inovação é a exploração com sucesso de novas ideias".[9] Para que uma inovação seja caracterizada como tal, é importante que cause um impacto significativo, seja em mudanças no mercado, na estrutura de preços, na receita da empresa, no desenvolvimento tecnológico do setor.

Ao longo deste livro você vai perceber que a inovação pode ser aplicada no dia a dia, de maneira muito sutil, que talvez você nem tenha percebido. De maneira geral, os conceitos abordados neste livro se referem, principalmente, a inovação em produtos, mas nada impede que sejam usados das maneiras mais inovadoras possíveis. A inovação pode ser utilizada para desenvolver um novo projeto, um novo produto, uma nova empresa. Inovar envolve pensar e focar no futuro com os pés no presente. No entanto, só isso não é suficiente para que se *chegue e viva* esse futuro. Para isso é preciso ir além da ideia e dar o próximo passo para as mudanças.

Capítulo 3
Um olhar no futuro

E de onde vêm as mudanças e as inovações? Quem tem a capacidade de inovar segue algum padrão ou as descobertas são aleatórias? O próprio Albert Einstein (1879-1955) se deparou com essas questões em um momento bastante peculiar de sua trajetória. Um momento que foi fundamental para todas as grandes descobertas pelas quais ele ficou conhecido até hoje.[10]

Depois de se formar no Instituto Politécnico de Zurique, entre os últimos da turma, Einstein não encontrou emprego como professor. Até que encontrou um emprego mal remunerado no Escritório de Patentes da Suíça, em Berna. Ele trabalhava com afinco como avaliador de invenções em uma jornada longa de trabalho. Apesar do emprego banal, ele agarrou a oportunidade e a aproveitou ao máximo. Sua função era avaliar a patenteabilidade dos pedidos de patente, e muitos envolviam aspectos técnico-científicos, que lhe despertavam interesse. Ao analisar as patentes, ele visualizava os pedidos como se fossem quebra-cabeças, vislumbrando como as ideias se convertiam em invenções. Aquele trabalho reforçaria sua capacidade de raciocínio.[11]

Depois de alguns meses, ele se tornou tão bom nesse jogo mental, que podia terminar suas atribuições em duas ou três horas, deixando o restante do dia livre para desenvolver suas próprias ideias e experimentos mentais. O trabalho o forçava a refletir sobre paradoxos, que culminavam em inovações. Ele havia aprendido a contemplar problemas dos mais variados ângulos. Todo esse aprendizado culminou para que, em 1905, Einstein publicasse sua primeira Teoria da Relatividade, da qual boa parte foi desenvolvida em sua mesa no Escritório de Patentes.

Apesar de as pessoas terem a tendência de presumir que gênios, como Albert Einstein, têm habilidades muito além das de outras pessoas, a verdade é que as grandes descobertas e inovações dependem, na grande maioria das vezes, de ideias simples trabalhadas com afinco e dedicação. Einstein tinha uma incrível habilidade de raciocinar de maneira lógica e concreta, mesmo enquanto caminhava, conversava com as pessoas ou executava trabalhos rotineiros do escritório de patentes.[11] Mais tarde, ele descreveria que a imaginação e a intuição tiveram papéis essenciais nas suas descobertas, mais importantes até que seus conhecimentos de ciências e matemática. Suas duas teorias da relatividade, talvez, devam ser consideradas as maiores proezas intelectuais da história, e são frutos de muito estudo e trabalho intenso, não de acessos de genialidade extraordinária e inexplicável.

A capacidade de olhar o passado e perceber o caminho que leva até as inovações é o que pode diferenciar as empresas que se manterão no mercado das que não vão. E analisar os documentos de patentes fez florescer uma habilidade de raciocínio única no Einstein, que permitiu com que ele vislumbrasse as inovações de um ângulo totalmente novo.

Capítulo 4
Um lado só

Por muito tempo se acreditou que as pessoas com a habilidade de criar novas invenções e desenvolver inovações tinham um lado do cérebro mais desenvolvido. Até hoje, alguns livros e estudos ainda relatam essa diferença. O sinal mais óbvio de que o cérebro funciona assimetricamente é a preferência universal pelo uso da mão direita. Tal preferência é, historicamente, reportada até mesmo pelos ancestrais, que relacionavam a mão direita com valores positivos, e a esquerda com negativos. Esse pensamento chegou a estigmatizar indivíduos canhotos, algumas vezes os forçando a trocar a mão de preferência com consequências graves, caso não o fizesse dependendo da cultura. Uma vez que o hemisfério esquerdo controla também a mão direita, logo foi amplamente discutido que o hemisfério esquerdo seria maior e dominante, e o direito menor e não dominante. Evidências de que o hemisfério direito era mais especializado para a percepção e a emoção também levaram à especulação, algumas delas exageradas, sobre os papéis complementares dos dois lados do cérebro na manutenção do equilíbrio psicológico.[12]

A assimetria cerebral está relacionada a uma série de funções complementares, como a especialização do cérebro esquerdo para as línguas e lógica, e a especialização do cérebro direito para criatividade e intuição. Contudo, esse conhecimento acarretou em uma série de extrapolações de evidências, indicando que indivíduos com o lado direito mais desenvolvido teriam maior capacidade de criar invenções, de ser criativo, de ter uma predileção pelas artes, e de inovar. Enquanto o lado esquerdo estaria mais relacionado à capacidade de pensar logicamente, estando mais ligado às engenharias e matemática, por exemplo.[12,13] Basicamente, ser criativo dependeria mais de uma questão cerebral (ou mesmo genética) do que de uma capacidade desenvolvida e aprimorada.

É verdade que alguns indivíduos têm uma predileção para as artes, uma capacidade singular de desenvolver novas formas de pensar, criar novos produtos e de ser mais criativos, mas isso não quer dizer que tenham um lado do cérebro mais desenvolvido que o outro. Quando ainda crianças com os cérebros sob intensa estimulação, tem-se a tendência de ter o "lado criativo" mais aflorado. Não se têm as amarras de pensamento, de opiniões e de ideias preconcebidas do adulto. O pensamento racional é, usualmente, mais estimulado durante o desenvolvimento humano, mas não é preciso culpar o cérebro, e o lado esquerdo dele pela dificuldade de ser criativo e inovar. Apesar de assimétrico, ambos os lados funcionam como um só, em um equilíbrio singular.[12] E todas as partes são necessárias para o que os torna seres humanos: com pensamento lógico, criativo, racional, voltado para as artes e para as ciências exatas. Na realidade, o cérebro só foi mal estimulado ao longo do tempo e precisa ser condicionado a novas formas de pensar. Como um músculo, se não exercitado e estimulado, ele não vai se fortalecer, seja o lado racional ou o lado criativo.

Capítulo 5
Criatividade

Uma das fontes de progresso das sociedades modernas é a partir da criatividade, com indivíduos que geram novas ideias, produtos, processos.[14] A criatividade é um dos cernes para geração de inovações e permeia quase todas as áreas da vida cotidiana, sendo importante no domínio pedagógico, cultural e científico. A maioria dos pesquisadores concorda que a criatividade é a capacidade de produzir um trabalho novo original, único, útil e produtivo. Consequentemente, a criatividade é considerada como um traço de desempenho ou de capacidade, de preferência manifestado em ideias, produtos ou obras de arte originais.[15]

Apesar dos cérebros das pessoas não serem naturalmente criativos e estarem intrinsecamente condicionados ao pensamento lógico e racional, qualquer um pode praticar a inovação. Não são apenas gênios criativos que inovam. E são poucos os indivíduos naturalmente criativos. As pessoas estão programadas a aceitar regras e repetir velhos padrões, que as ajudaram na vida prática no passado, mas qualquer pessoa disposta a aprender e utilizar as ferramentas por trás do pensamento criativo pode inovar. Foi-se o tempo em que a criatividade era uma habilidade quase genética, em que só alguns a possuíam. Na verdade, os que eram criativos foram estimulados ou aprenderam a desenvolver o processo criativo durante a vida. Leonardo Da Vinci, Henry Ford, Thomas Edison, Albert Einstein passaram por etapas durante as suas vidas de intenso aprendizado, que mais tarde levariam as grandes contribuições que fizeram para a ciência.[11]

Durante a vida, as pessoas são mais estimuladas a terem um pensamento crítico e racional do que criativo, do Ensino Fundamental ao

Superior, todos são avaliados quanto à capacidade de tirar boas notas, e não pela capacidade de criação, invenção e inovação, não sendo ensinados a serem criativos. Isso dificulta na hora de analisar informações e dados de patentes, de modo a perceber os "sinais", que indicam lacunas de desenvolvimento científico-tecnológico. Apontar para o desconhecido com olhos ávidos de interesse, trilhar um caminho nunca antes desbravado e buscar materializar o que ninguém jamais deu vida é uma inquietude típica das mentes inventivas. E é uma condição importante para aflorar a capacidade criativa do ser humano na solução de problemas. O pensamento criativo e a capacidade de inovar estão intimamente ligados com a capacidade de encontrar soluções para problemas.[16]

Se as vendas estão baixas, os clientes perderam o interesse nos produtos ou serviços, e o negócio não está indo bem, a solução nem sempre pode estar em tentar aumentar as vendas e melhorar os produtos ou serviços. Nessas ocasiões, é essencial olhar para a situação com outros olhos e estar atento ao que os "sinais" estão dizendo. Um exemplo famoso, que ficou conhecido no livro da "Estratégia do Oceano Azul", de W. Chan Kim e Renée Maubourgne[17], se refere ao saturado mercado de vinho. Para uma nova empresa entrar nesse mercado e se destacar não é uma tarefa fácil. Contudo, no início nos anos 2000, uma empresa da Austrália chamada Casella Wines conseguiu ganhar destaque no mercado com o vinho Yellow Tail. Ao invés de investir nas características comuns aos vinhos *premium* (preço alto, alta qualidade, prestígio e tradição, complexidade, qualidade do envelhecimento) e vinhos populares (preço baixo, qualidade baixa, pouco marketing), a empresa percebeu os "sinais" de mercado e inovou, aumentando e reduzindo algumas características e introduzindo outras novas, como a facilidade de beber (seria fácil de beber como uma cerveja) e de escolher o vinho, relacionando essa bebida com diversão e aventura. Foi o suficiente para atingir um mercado ainda inexplorado e totalmente sem concorrentes, um "oceano azul" a ser explorado.

A espécie humana não evoluiu para ser mais criativa e original. Ao querer inovar, é preciso ter a consciência de que a mente, na maioria das vezes, não é naturalmente criativa. É mais seguro na maior parte das situações rotineiras não ser criativo. Existem muito poucas ideias originais, e a grande maioria das invenções é advinda de invenções anteriores.[18] Os princípios, que norteiam as inovações, podem ser aprendidos e ensinados se você estiver atento ao que os "sinais" estão dizendo e souber abrir a mente para usar esses "sinais" de forma criativa. O segredo da criatividade está em saber chegar a novas ideias.

O mais incrível da habilidade intrínseca do ser humano para a criatividade é que cada um tem conhecimentos, habilidades, experiências e aptidões diferentes. Por mais que os grandes gênios e inventores tenham muito a ensinar, não adianta se basear puramente no Bill Gates, Steve Jobs, Albert Einstein, ou Henry Ford. Cada um é diferente do outro, e as circunstâncias que os levaram a inovar lhes permitiram ver lacunas e oportunidades, que foram brilhantemente aproveitadas. A singularidade de cada ser humano está impressa no DNA. Por mais que haja pessoas, que trabalhem em áreas afins, cada ser humano tem um histórico diferente que pode levar a soluções e inovações diferentes quando estimulados. E toda a bagagem acumulada pode (e deve) ser utilizada para encontrar lacunas, resolver problemas, ter novas ideias e inovar. Quando se fala em inovação, isso envolve um exercício de criatividade, que será diferente para cada um, e os resultados podem ser variados e ir além do que se teria imaginado no princípio.

Capítulo 6
Aprender a aprender

Durante todas as etapas deste livro é importante que se esteja aberto ao aprendizado, até mesmo nos momentos menos prazerosos dele. Mesmo os grandes gênios do passado passaram por uma fase da vida de aprendizagem e de desenvolvimento. Ninguém consegue pular essa etapa. O caminho para o processo criativo envolve pedras no caminho, dificuldades no aprendizado, quebra de paradigmas e uma transformação interior profunda.

A maioria das pessoas não é educada para pensar em soluções inovadoras. É muito mais fácil presumir que o aprendizado é impossível pela complexidade, em vez de partir para o estudo e descobrir que sempre foi possível. O objetivo de qualquer aprendizagem não deve ser o dinheiro, o sucesso, a posição, o título ou o diploma, e sim a transformação da mente. Se sob a superfície essa fase é um momento de poucas mudanças, no interior é onde as maiores transformações vão ocorrer.[11]

Ao longo dos próximos capítulos será apresentada uma série de métodos e de ferramentas para auxiliar no processo de análise científico-tecnológica. Simplifica-se o processo para facilitar a compreensão e a reprodução da análise em qualquer setor. Entretanto, não se pode escolher um método para aprender apenas por ser mais fácil e confortável. Durante o processo de leitura deste livro, e de por em prática os métodos e ferramentas abordados, é provável que passe pelos passos essenciais da aprendizagem.[11] Esses englobam a: 1. Observação profunda (Modo passivo); 2. Aquisição de habilidades (Modo prático); 3. Experimentação (Modo ativo).

O modo de observação profunda envolve a criação de condições para entender aquele novo conhecimento. Nessa etapa, é o momento de observar primeiro para, posteriormente, basear as ideias no que visualizar. E, então, analisar o que encontrou. Por causa disso, este material mostra todas as ferramentas que vem antes da inovação para que se compreenda melhor o processo criativo.

A aquisição de habilidades vem em seguida, e se aprende mais com a prática e repetição. Essas primeiras fases do aprendizado são comumente entediantes e monótonas. Fazer na prática pode não ser prazeroso no início, e uma série de dificuldades pode surgir, como qualquer aprendizado. Muitas pessoas acreditam que tudo na vida tem que ser prazeroso. Isso as leva o tempo todo a procurar atalhos no processo de aprendizado e sucumbir as distrações. É comum acontecer, quando se está aprendendo algo novo, de chegar a um ponto de frustração: o momento em que parece impossível aprender, e que o conhecimento está além da sua capacidade.

A própria frustração já é um excelente sinal de progresso, que indica que a mente está começando a processar toda a complexidade do conhecimento e precisa de mais prática para se aperfeiçoar. Conhecer essas etapas permite aceitar que algumas delas serão mais difíceis que outras. Infelizmente, muitos tendem a desistir do processo nesse momento. É preciso persistir. Nos próximos capítulos, à medida que o processo de busca e análise de documentos se automatiza, a mente não se cansa mais com o esforço despendido, o que aumenta a habilidade e a satisfação. Só assim é possível chegar ao ponto mais importante do conhecimento: a experimentação. Conforme as habilidades são adquiridas se ganha mais confiança. Esse passo é fundamental para se chegar à inovação.

É sempre mais fácil aprender regras e conhecimento mastigado do que sair da zona de conforto. As fases de aprendizagem são fundamentais para que se conclua o processo criativo. Na etapa de experimentação, que será retratada nas partes finais deste livro, será o momento de manter distanciamento de tudo que visualizou, de todos os dados e informações que possui, e identificar as lacunas e soluções.

Depois de tanta aprendizagem e de colocar em movimento a mente no processo criativo, inevitavelmente, se atinge a sensação de satisfação pelos desafios superados e pelo que se aprende. Cuide para depois desse processo não pensar que já atingiu o ápice de conhecimento, o que pode diminuir a vontade de aprender. Ninguém sabe de tudo sobre nenhum assunto. Desafie essa tendência com novos desafios de aprendizado. Perder a capacidade de deslumbramento com o novo prejudica o desenvolvimento. E sempre se lembrar de que ainda sabe muito pouco, e o quão vasto é o mundo para ser desbravado com novos conhecimentos. É preciso ter a mente aberta, realizando trabalhos que ofereçam as maiores possibilidades de aprendizado.

A humildade também é primordial no processo. É natural que alguns tenham conhecimento mais aprofundado que outros, mesmo em áreas de atuação similares, na maior parte das vezes sendo fruto de mais tempo de experiência. O propósito deste livro e da Teoria dos Sinais da Inovação é, justamente, aprender a usar os "sinais" vindos dos dados e informações científico-tecnológicos, identificar as lacunas de desenvolvimento e chegar às inovações, seja você o mais experiente da área ou o principiante.

Permanecer reticente frente a inovações e "sinais" que estão diante dos olhos pode ser perigoso, e custar toda uma empresa ou mesmo um setor tecnológico. A indústria da música, no final da década de 1990, estava tão fortemente presa aos velhos padrões e interesses próprios de ganho em curto prazo que quase ruiu com a pirataria da internet. Os executivos estavam cegos dentro do modelo de negócios de vender discos físicos até ser tarde demais, e o compartilhamento de arquivos, o iTunes e os serviços de *streaming* de música virarem o mercado do avesso.[19,20]

Esta obra mostra as ferramentas que podem auxiliar a alcançar a inovação, e cabe a você as estudar e as utilizar da melhor forma. Sair da zona de conforto e procurar desafios, que melhorem as suas habilidades e, também, ajudem no processo criativo. A principal transformação para compreender ao todo a Teoria dos Sinais da Inovação é uma mudança no modo de pensar, aprendendo a sempre aprender.

Capítulo 7
A TRIZ

Na década de 1940 havia um engenheiro e cientista russo interessado em descobrir como os inventores chegavam às invenções. Genrich Altshuller estudou a fundo os dados contidos em milhares de patentes.[16] A partir de 1948, ele examinou os documentos, catalogou e organizou as patentes para poder identificar o princípio inventivo que estava atrás de cada uma, investigando cerca de 200 mil patentes.[21] Foi a partir desses estudos que fez a maior descoberta de sua vida: o ato de inventar pode ser aprendido e ensinado em poucos princípios. Com a descoberta, tentou oferecer o método para incentivar a criatividade da União Soviética, mas foi preso e condenado a 25 anos de prisão. Na época, a União Soviética não valorizava a criatividade. Contudo, a prisão apenas o ajudou a aperfeiçoar o método que tinha descoberto.

Altshuller desenvolveu a TRIZ, que em russo significa Teoria para a Solução de Problemas Inventivos (Teória Rechénia Izobretátelskih Zadátchi).[16] Essa teoria ficou por muitos anos restrita apenas à União Soviética. Uma das suas principais descobertas mostra que diferentes indústrias, historicamente, realizam diversas reinvenções, e que as boas ideias transitam, de forma relativamente lenta, entre diferentes setores.[22] Altshuller percebeu que a inovação sempre resolve uma "contradição", que seria um problema a ser resolvido. Por exemplo, se os prédios são tão grandes que as pessoas não conseguem andar em tantas escadas (uma contradição), ao invés da pessoa andar, a escada que anda: e surge a escada rolante e, posteriormente, o elevador. Já nos anos 1980, uma série de tecnologias da União Soviética chegou aos Estados Unidos e à Europa, como máquinas, processos e diversos produtos. Em 1989, a Associação Russa para a TRIZ foi criada (Altshuller foi seu primeiro presidente). Com o fim da União Soviética, milhares de cientistas russos começaram a chegar aos Estados Unidos e à Europa com conhecimentos técnicos de ponta. Aos poucos, eles começaram a chamar atenção do mundo. Hoje, a TRIZ é utilizada por diversas empresas como a GE, Boeing, Siemens.[21]

A TRIZ é uma ferramenta eficaz, especialmente, quando usada para resolver problemas de desenvolvimento de produtos.[23] Esta ferramenta apresenta soluções gerais para um problema, considerando diferentes combinações de 40 princípios em uma matriz composta por 39 parâmetros contraditórios.[23,24] O método é baseado na lógica e nos dados, o que acelera a capacidade de resolver problemas criativamente.[24] A TRIZ formou as soluções gerais para os problemas e permitiu que as pessoas encontrassem soluções fáceis e rápidas para esses, fornecendo-lhes alguns princípios.[23,25] Após a interpretação desses princípios, uma solução pode ser encontrada.[23] A TRIZ também fornece repetibilidade, previsibilidade e confiabilidade devido a sua estrutura e abordagem algorítmica.[24]

O eixo central da TRIZ está em encontrar a *contradição* do estado da técnica. Nas mais de 200.000 patentes estudadas por Altshuller, foram identificados cerca de 1500 tipos de contradições. A eliminação das contradições seria feita com o auxílio dos princípios que ele descobriu, e inovar envolveria remover tais contradições. No livro *Innovatrix*, de Clemente Nobrega e Adriano de Lima (2011),[21] a teoria que abordam se baseia na TRIZ para criar um próprio modelo de inovação com 40 princípios inventivos, que resolveriam quaisquer contradições. Outros estudos também já foram propostos com sugestões e adaptações da TRIZ, não apenas focando em produtos, mas também em projetos, em processos e até mesmo em gestão.[23,24,26,27] É interessante notar que ao pensar em qualquer grande inovação, como a internet, o computador, o iPad, o Walmart, todas eliminaram uma contradição central, que estava estabelecida na forma vigente de se fazer as coisas.[21]

Capítulo 8
A Teoria dos Sinais da Inovação

ATRIZ mostra que a inovação pode surgir a partir de ferramentas específicas. Que qualquer inovação resolve um problema com uma solução baseada em princípios inventivos já estudados há bastante tempo e identificados de vários documentos de patentes estudados.[16,26] O problema da teoria está em justamente identificar o problema. Claro que alguns problemas são óbvios de perceber, contudo alguns, por mais óbvios que sejam, não se consegue ver como "problemas". E definir bem o problema é o cerne para a inovação. Esse problema não pode ser estreito nem amplo demais. Um dos pontos chave para inovação é a capacidade de identificar, de um determinado problema específico, o ponto crucial mais importante a ser solucionado.

Ao analisar as inovações que permeiam a sociedade, todas resolveram um problema. Aqui serão chamados os problemas de lacunas, que melhor representam os espaços não explorados com oportunidades para inovar. Não importa o setor, as inovações vêm dessas lacunas. Ao identificar as lacunas e questionar o modo vigente, novas soluções, ideias e inovações são criadas. O Uber, por exemplo, encontrou a lacuna do transporte com qualidade e a um preço mais baixo. É uma lacuna relativamente simples, mas então por que ninguém a percebeu antes?

O mesmo para o iPhone, que encontrou a lacuna de ter portabilidade e acesso a informação da internet, em um aparelho móvel, ou o Google, que encontrou a lacuna da busca eficaz de informações na internet. A empresa brasileira Cacau Show, por exemplo, encontrou a lacuna de boas "lembrancinhas" para presente.[28] Por que essas lacunas não foram identificadas antes?

Figura I.1 - Fluxograma representando a Teoria dos Sinais da Inovação.

Possivelmente, tais lacunas já tinham sido identificadas por outros, mas faltou uma mente aberta para encontrar a melhor solução, inovar e empreender no setor. De certa forma, o ser humano é treinado para resolver problemas, contudo se tem dificuldade para definir os problemas com maestria. Para a lacuna de ter portabilidade e acesso a informação na internet, por exemplo, outras empresas surgiram antes do Google tentando resolver o problema, como o Yahoo ou Alta Vista. Por mais óbvio que seja encontrar as lacunas, o mundo está cada vez mais complexo e cheio de informações, o que dificulta vislumbrar os espaços com oportunidade de inovar.

A Teoria dos Sinais da Inovação vem antes da inovação, antes da própria TRIZ. Enquanto a TRIZ é focada em como encontrar soluções com princípios inventivos, a Teoria dos Sinais da Inovação é sobre como encontrar as lacunas. Depois de identificadas as lacunas, a TRIZ ou outros métodos de inovar podem ser utilizados, a fim de encontrar as melhores soluções (abordam-se alguns dos melhores métodos na Parte V).

Na Figura I.1 está representado um fluxograma da Teoria dos Sinais da Inovação. Para encontrar as lacunas que vão levar a novas inovações é preciso estar atento aos "sinais", tendo em vista que são esses que propiciam direcionar a encontrar os problemas, e até mesmo, auxiliar a encontrar as soluções. Esses "sinais" podem vir não apenas dos dados e informações existentes, mas também de conhecimento empírico, de experiências, de habilidades, e até de um pouco de intuição. E não é apenas do conhecimento da própria área em que se pretende inovar que importa, mas também de conexões com outras áreas.

Talvez, a 3M seja uma das empresas mais inovadoras justamente porque atue em diferentes setores, conseguindo fazer conexões de um adesivo para uso doméstico, de um adesivo para post-it, ou mesmo de um adesivo odontológico. Além disso, a 3M encoraja os funcionários a cultivarem eventos impulsionados pela serendipidade (referentes a descobertas feitas ao acaso) e momentos oportunos, mesmo quando possuem atividades com horários definidos. As possibilidades de criação de momentos oportunos foram reforçadas por práticas, que fomentam interações contínuas entre funcionários, que podem usar os diversos recursos da empresa para promover iniciativas pessoais.[29]

Capítulo 9
O estado da arte e o estado da técnica

Uma das grandes mudanças das últimas décadas se identifica com a quantidade imensa de dados que ficaram disponíveis, principalmente, na internet. A cada minuto, aproximadamente 50.000 aplicativos são baixados da loja da Apple, a Amazon faz $80.000 (USD) em receita de vendas e 300.000 *tweets* são enviados.[30] Mesmo que os números, nesses exemplos, sejam bastante expressivos, há uma quantidade ainda maior de dados sendo gerados com muita informação científica e tecnológica disponível.[30,31]

Nas últimas três décadas, os sistemas clássicos de gerenciamento de banco de dados mantiveram um ritmo intenso de crescimento. Houve um aumento significativo da capacidade desses bancos lidarem com a grande quantidade de informações que precisam ser armazenadas. Com a ampla adoção de tecnologias, dados de diferentes fontes e em diferentes formatos são coletados em todos os momentos, em uma escala sem precedentes. Esses dados dão origem ao chamado "3V's" do *big data*: volume, velocidade e variedade. São esses dados que oferecem grandes oportunidades de exploração e podem auxiliar na tomada de decisões.[31]

Com grandes quantidades de dados disponíveis, as empresas também focaram na exploração de dados como vantagem competitiva, seja para melhorias internas com indicadores de desempenho individual e coletivo, como externas na identificação de novos potenciais mercados. O volume e a variedade de dados ultrapassaram, em muito, a capacidade de análise manual e, em alguns casos, excederam a capacidade das bases de dados convencionais. Por causa disso, muitas vezes, somente analisar em uma única base de dados não será suficiente para recuperar o quadro geral da informação disponível. Ao mesmo tempo, os computadores se tornaram muito mais potentes, a internet ficou onipresente e foram desenvolvidos algoritmos, que podem conectar conjuntos de dados, permitindo análises mais amplas e profundas do que anteriormente era possível. A convergência desses fenômenos deu origem à aplicação, cada vez mais generalizada, da ciência das bases de dados.[30]

Olhar o passado pode envolver estudar a fundo o estado de desenvolvimento científico e tecnológico do setor de interesse. Com o Big Data, saber que dados usar, analisar e interpretar virou um fator-chave para diversos setores. Para isso, é essencial buscar dados e informações tanto do estado da arte quanto da técnica. O estado da arte está relacionado a tudo que foi publicado ou apresentado a público anteriormente (em livros, artigos, internet, congressos), contendo conhecimento científico quanto às tecnologias. Já o estado da técnica tem mais relação com o conhecimento tecnológico, contido nos documentos de patentes, dados e informações de mercado, por exemplo (Figura I.2).

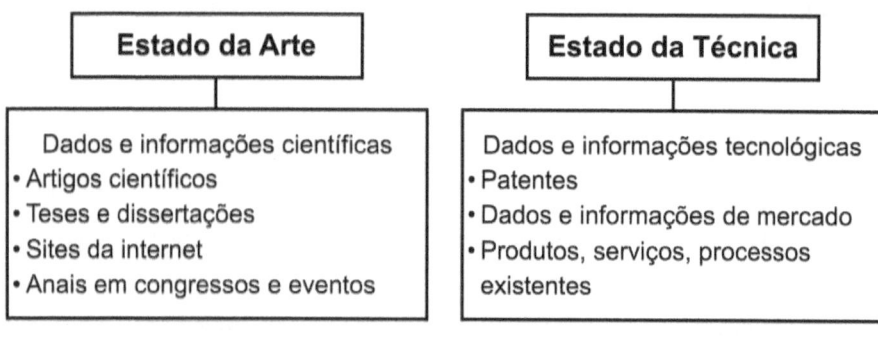

Figura I.2 - Principais componentes do estado da arte e estado da técnica.

Mostra-se aqui como analisar o máximo de conhecimento científico e tecnológico existente para identificar esses "sinais", que podem levar a lacunas, soluções e novas inovações. Nem sempre será necessária toda essa análise para identificar essas informações. A ferramenta que é proposta visa sistematizar e facilitar o processo criativo. A tecnologia que se tem hoje de acesso às informações é tão rica que permite integrar conhecimentos e fazer conexões muito mais rapidamente do que antigamente. Com o tempo, as pessoas adquirem mais habilidades para identificar as lacunas com mais facilidade. Algumas lacunas se conseguem identificar facilmente, outras não estão tão claras a olho nu. O principal objetivo das ferramentas propostas de análise científico-tecnológica implica permitir que se amplie, ao máximo, o conhecimento no campo de interesse. E quanto mais amplo esse for, bem como o de campos correlatos, maiores serão as chances de que novas lacunas, novas soluções, novas ideias, e novas inovações surjam. Um dos principais objetivos de se realizar uma análise global do conhecimento é permitir que novas oportunidades sejam descobertas com ligações e associações até então desconhecidas.

Pontos principais

- Inovação envolve criação, produção e implementação de ideias úteis, de modo a causar um impacto significativo.
- A capacidade de olhar o passado e perceber o caminho, que leva até as inovações, é o que pode diferenciar as empresas que se manterão no mercado das que não vão.
- Ambos os lados do cérebro funcionam em um equilíbrio singular, e todas as partes são necessárias para a formação de um ser humano.
- A criatividade é a capacidade de produzir um trabalho novo original, único, útil e produtivo. E é um dos cernes para geração de inovações.
- Genrich Altshuller percebeu que a inovação sempre resolve uma "contradição", que seria um problema a ser resolvido, e desenvolveu a TRIZ (Teoria para a Solução de Problemas Inventivos).
- A Teoria dos Sinais da Inovação mostra que podem vir "sinais" não apenas dos dados e informações existentes, mas também de conhecimento empírico, de experiências, de habilidades e da intuição.
- Os "sinais" vão auxiliar a encontrar as lacunas, que são espaços com oportunidade de inovar. Ao identificar as lacunas e questionar o modo vigente, novas soluções, ideias e inovações podem ser criadas.
- O estado da técnica tem relação com o conhecimento tecnológico, contido nos documentos de patentes, ou em dados e informações de mercado.
- O estado da arte está relacionado a tudo que foi publicado ou apresentado a público contendo conhecimento científico quanto às tecnologias. Pode ser em livros, artigos, internet, congressos e outros.

Parte II
Estado da Técnica

"Qualquer um que pare de aprender está velho, seja aos 20 ou aos 80 anos. Qualquer um que continue aprendendo permanece jovem."
Henry Ford

SINAIS – ALÉM DA CRIATIVIDADE

Capítulo 10
Fique atento aos sinais!

O segredo para chegar até inovações nunca antes pensadas está em ficar atento aos "sinais". É olhando para o passado e analisando os caminhos trilhados até o presente que se consegue perceber esses "sinais". Mesmo que aparentemente esses estejam nítidos à frente, na maioria das vezes, a pessoa está cega e presa ao status quo, que não se consegue vislumbrar o futuro de um novo ângulo, como a Nokia para o mercado de *smartphones* com tela de toque.

Claro que é muito mais fácil ter ideias para inovar no campo em que se trabalha. Muitas vezes, aquela ideia inicial pode ir muito além daquilo que foi inicialmente planejado, e isso deve ser amplamente pensado no desenvolvimento de novos produtos. A importância de analisar informações científicas e tecnológicas está, majoritariamente, em perceber os "sinais" que essas passam para poder inovar posteriormente.

A primeira patente referente a um dispositivo para movimentar um ponteiro em uma tela do computador, por exemplo, já é datada de mais de vinte anos atrás. Mais tarde, esse dispositivo foi chamado de *trackpad*, e praticamente todos os *notebooks* atuais o apresentam. Só que a patente protege um dispositivo que reconhece um toque, que vai movimentar o ponteiro em uma tela. Por que é importante parar e analisar os "sinais" que estão bem diante dos olhos? Posteriormente, foi patenteado um dispositivo que reconhecia mais de um toque para movimentar o cursor do *mouse* e realizar outras funções no sistema operacional. E extrapolando, ainda mais, nos últimos anos incorporaram um dispositivo similar em controles de TV e de videogames para facilitar o uso da interface. Não era muito mais fácil quem teve a ideia original prever todas essas aplicações?

SINAIS – ALÉM DA CRIATIVIDADE

Os "sinais" estão todos ali, basta saber identificá-los e usá-los. Nos próximos capítulos serão discutidos aspectos como obter tais informações e identificar os "sinais" que vêm antes da inovação. O objetivo não é esgotar as informações referentes às patentes, e às especificidades inerentes de cada escritório de patentes. Nessa segunda parte se discutirá o que é um documento de patente, sua finalidade, os aspectos principais da proteção intelectual para compreender quais dados e informações são fundamentais nesses documentos e que podem nortear futuras inovações.

Capítulo 11
Patente

Uma das principais formas de identificar os "sinais" que precedem as inovações é por meio dos documentos de patentes. A maior parte do conteúdo descrito nas patentes jamais chega a ser publicada em outros documentos. De acordo com a Organização Mundial de Propriedade Industrial (OMPI), mais de 70% das informações tecnológicas disponíveis somente podem ser encontradas nos documentos de patentes. Como o próprio Einstein e Altshuller perceberam, as patentes são ricas fontes de informação, e todas apresentam princípios que podem ser utilizados no processo inventivo. Para isso, é necessário compreender como identificar as informações mais relevantes e por em prática a capacidade inventiva.

Os documentos de patentes são uma das mais antigas formas de proteção da propriedade intelectual, e uma das maiores vantagens é o acesso livre a informação contida nesses documentos, pelas bases de dados de patentes. Assim, como as demais formas de proteção da propriedade intelectual, a finalidade da patente é incentivar o desenvolvimento tecnológico e econômico recompensando a criatividade do inventor. A patente é apenas um documento legal, e não deve ser confundida com um produto. Claro que ela pode descrever um ou vários produtos, mas nem sempre vai indicar que esse produto chegou, chegará ou mesmo deveria chegar ao mercado.

Em resumo, a patente é um documento legal que vai descrever uma invenção, por um período de tempo, em determinado país. Ela ainda cria uma situação legal, na qual a invenção pode ser explorada somente com a autorização do titular do documento, fornecendo direitos exclusivos ao titular da invenção. A patente é, ainda, concedida por uma repartição governamental, comumente um Escritório de Patentes. E não é apenas uma pessoa física que pode depositar o documento. Uma pessoa jurídica (como empresa ou universidade) também tem o direito de fazer o pedido. Nesse caso, é chamado de depositante e requerente. Diferente do inventor que envolve, exclusivamente, uma pessoa física.

Alguns países ainda possuem uma distinção quanto aos tipos de patente. Os dois mais comuns são a patente de modelo de utilidade e a patente de invenção. A primeira estaria relacionada a uma melhoria funcional de um produto ou objeto no seu uso ou fabricação, como uma nova forma ou disposição. Por exemplo, uma cadeira com apenas três pés ao invés de quatro, o que seria apenas uma melhoria funcional na cadeira. Já a patente de invenção seria uma nova solução para um problema técnico específico, dentro de um determinado campo tecnológico, diferente do que já existe no estado da arte e da técnica. Para isso, teria que obedecer a três princípios básicos.

1. Ser uma invenção inédita
A invenção não pode ter sido patenteada previamente, descrita na literatura ou divulgada.

2. Envolver uma atividade inventiva
Deve demonstrar na redação o estado da técnica do setor e qual a novidade da invenção, que não pode ser algo óbvio.

3. Ter aplicação industrial
Deve ser passível de aplicação na indústria.

Uma máquina do tempo ainda não poderia ser patenteada (infelizmente!). Outros itens como materiais que desafiam as leis da natureza ou já existem na natureza, teorias científicas e matemáticas, plantas ou animais, e o próprio genoma humano também não são passíveis de patenteamento. Certas invenções também podem ser excluídas da patenteabilidade por motivos de segurança nacional ou razões morais.

Como uma ideia, a patente por si só não tem valor algum. Muito pelo contrário, traria apenas custos para o inventor ou depositante. As ideias inovadoras e as patentes precisam ser desenvolvidas, transformadas em produtos ou serviços inovadores com foco em serem comercializados para que os benefícios da inovação possam ser colhidos gerando receita para os criadores.

Capítulo 12
Patentear ou manter segredo industrial?

Com a patente, o inventor estará descrevendo para o mundo como produzir a tecnologia protegida, revelando segredos que, muitas vezes, não são de interesse revelar. O exemplo mais famoso de segredo industrial é o da Coca-Cola. Se a fórmula da Coca-Cola tivesse sido patenteada, após o período de vigência da patente (normalmente de vinte anos, na maioria dos países), ela seria de domínio público e qualquer empresa poderia protegê-la. E se alguém tivesse descoberto a fórmula? Se fosse descoberto, qualquer um poderia produzir e haveria dezenas de Cocas-Cola no mercado hoje, com sabor idêntico a original. E aí está o problema de não patentear. Se a inovação pode ser facilmente copiada, talvez, o mais adequado seja optar pela proteção.

Uma estratégia que vem sendo bastante utilizada é optar pelas duas formas. Descrever, na patente, a maioria dos aspectos quanto ao produto, deixando vagas as questões específicas, como concentração ou proporção ideal dos ingredientes, por exemplo, ou mesmo omitir algumas informações chaves como algum ingrediente específico e primordial para o produto.

Os custos altos também podem ser uma barreira para inventores independentes, empresas de pequeno porte ou universidades com poucos recursos para o patenteamento. Cada patente exige custos para o depósito e manutenção em cada país, bem como com a tradução do documento para variadas línguas. Na Tabela II.1 estão delimitados os custos com depósito nos Estados Unidos (EUA), China e Japão, bem como os valores para as traduções. De qualquer forma, as razões para optar pelo patenteamento são muito maiores daquelas por optar pelo sigilo. O conhecimento contido nas patentes é uma fonte inesgotável de informação para a sociedade, permitindo que outros inventores e pesquisadores tenham acesso a conhecimentos que estariam protegidos por segredo industrial.

Tabela II.1 - Principais custos estimados com depósito de patente nos Estados Unidos (EUA), China e Japão.

Descrição	Valor
Depósito nos EUA (Até 20 reivindicações)	U$$ 4470,00
Depósito na China	U$$ 5130,00
Tradução do Inglês para Chinês	U$$ 5334,00
Depósito no Japão	U$$ 3990,00
Tradução do Inglês para Japonês	U$$ 11400,00

A patente vai conferir um direito exclusivo ao titular para utilizar e explorar a invenção como achar melhor. Também impede terceiros de utilizarem, comercialmente, a invenção patenteada durante a vigência do documento, e estimula possíveis concorrentes a procurarem inovações alternativas, colaborando com o desenvolvimento científico e tecnológico. Ainda facilita a realização de um monitoramento tecnológico, permitindo mapear setores estratégicos. Permite, ainda, obter uma rentabilidade do capital investido na invenção, uma vez que o titular pode comercializar, licenciar ou ceder a patente de modo a obter um retorno financeiro mais elevado sobre o investimento realizado. O documento pode recompensar o inventor de modo a estimular a criação de novas invenções sem que os resultados do trabalho sejam utilizados por terceiros.

Dependendo ainda da tecnologia, é possível obter dados de produtos que ainda nem chegaram ao mercado, de modo a predizer cenários futuros de desenvolvimento tecnológico. Além disso, evita a duplicidade de pesquisas. A patente ajuda, ainda, na imagem positiva para a empresa, e é considerada por investidores, acionistas e parceiros comerciais uma demonstração do alto nível de conhecimentos técnicos, especialização e capacidade tecnológica da empresa. Assim, a empresa pode obter recursos financeiros, encontrar parceiros comerciais e aumentar seu valor de mercado.

Algumas empresas utilizaram a patente para impedir terceiros de entrarem no mercado que dominam. Essa tática, geralmente, é feita por empresas de grande porte, como Apple e Samsung, que depositam um número grande de patentes anualmente, mesmo sem interesse de que a maioria delas se transforme em produtos depois. A patente serve apenas de barreira para que outros desenvolvam as tecnologias do setor que elas dominam. E caso alguém tenha interesse em comercializar, terá que pagar as empresas detentoras das patentes os direitos para utilizar as tecnologias protegidas.

Capítulo 13
Tempos

Alguns períodos são importantes para compreender como funcionam os pedidos de patente: como período de graça e de sigilo demonstrados na Figura II.1. A data de depósito se refere ao momento em que o pedido de patente foi depositado, nos escritórios de patente e que, posteriormente, será considerada a data de prioridade do documento. Tudo aquilo tornado acessível ao público, antes da data de depósito do pedido de patente é considerado como anterioridade. Caso o inventor tenha apresentado informações quanto à invenção, em um período anterior ao depósito da patente, qualquer tipo de apresentação pública já seria considerado anterioridade. Em alguns países, como o Brasil, não seriam considerados como anterioridade divulgações referentes ao invento feitas pelo próprio inventor ou por terceiros (com base em informações obtidas direta ou indiretamente do inventor) em um período de até doze meses antes da data do depósito ou da prioridade reivindicada, chamado de período de graça. Contudo, alguns países não reconhecem o período de graça ou utilizam períodos de tempos diferentes (e até inferiores a doze meses).

Von Neumann, um matemático Húngaro, que foi mentor de Alan Turing em Princenton, escreveu um artigo de 101 páginas em 1945, que orientou o desenvolvimento dos computadores por vários anos seguintes. Ele descreveu, em detalhes, a estrutura e o controle lógico do computador proposto na época. Os conceitos publicados por Von Neumann ficaram de domínio público, e quando a patente de um computador com programa armazenado foi depositada na época, utilizando os conceitos de Von Neumann, foi detectada a presença de anterioridade pela publicação anterior do artigo, impossibilitando o patenteamento do equipamento proposto.[32]

Ao contrário de Von Neumann, Larry Page e Sergey Brin foram relutantes em publicar ou fazer apresentações sobre os fundamentos que criaram o Google. Eles tinham o desejo de transformar o tema da dissertação em negócio. Com a pressão dos orientadores para que publicassem algo, escreveram um trabalho[33] de vinte páginas explicando as teorias por trás do mecanismo de busca do Google sem revelar detalhes demais. Publicaram após depósito da patente, e apresentaram o trabalho em uma conferência da Austrália em abril de 1998. O Google foi criado com incentivo da própria Universidade de Stanford, que foi uma das pioneiras em estimular a pesquisa e o empreendedorismo.[32] Essa tendência de publicar o artigo antes da patente existe até hoje para os pesquisadores voltados à academia. O mais indicado é depositar primeiro a patente e depois artigos ou publicações oriundas do mesmo, como apresentações em congressos e eventos.

Depois de realizado o depósito, outro momento importante é a data de publicação, uma vez que após a patente depositada, essa será submetida ao exame formal preliminar para verificar se está devidamente instruído. Em alguns países como o Brasil, o pedido de patente será mantido em sigilo por dezoito meses, após o depósito, sendo esse tempo chamado de período de sigilo. Esse período é contato da data de depósito ou prioridade mais antiga, e depois de publicado ficará disponível para acesso ao público, nas bases de dados de patentes. Todos os pedidos em período de sigilo não podem ser recuperados nas bases de dados. Logo, não é possível analisar anterioridade nesse período, uma vez que as patentes depositadas há cerca de dezoito meses não estão disponíveis para o público.

Enquanto isso, outro período que é importante considerar é o relativo à prioridade unionista. Essa assegura que, com base em um primeiro pedido depositado, em um dos países signatários, durante o período de doze meses poderá ser solicitada a proteção para o mesmo invento, em qualquer um dos demais países signatários da CUP (Convenção de Paris para a Proteção da Propriedade Industrial) ou TRIPS (Acordo sobre Aspectos dos Direitos de Propriedade Intelectual Relacionados ao Comércio).

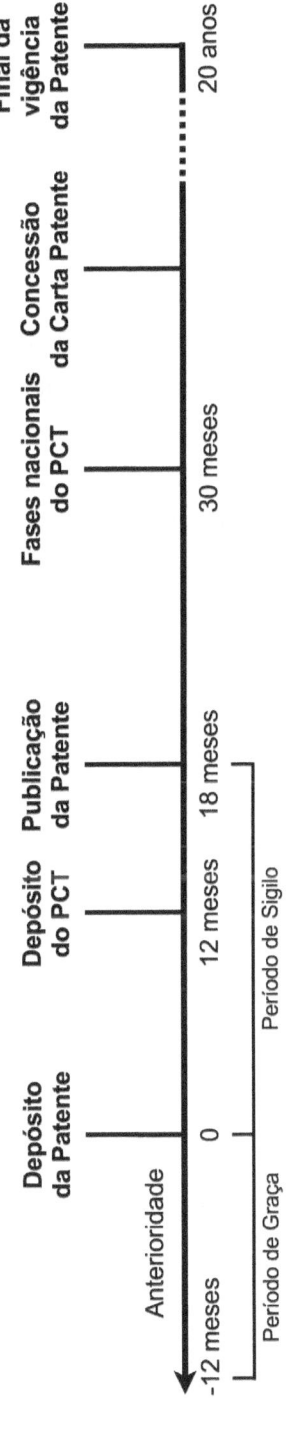

Figura II.1 - Linha do tempo referente as etapas no processo de patenteamento.

Já a prioridade interna assegura a patente depositada, por exemplo, inicialmente, no Brasil, o direito de prioridade a qualquer pedido posterior sobre a mesma matéria. No entanto, o pedido anterior é arquivado, e essa só pode ser requerida pelo mesmo depositante ou sucessores, tendo prazo de um ano a partir da data de depósito.

O PCT (*Patent Cooperation Treaty*) se refere ao Tratado de Cooperação em Matéria de Patentes. Esse diz respeito ao depósito de um só pedido internacional, que pode se transformar em múltiplos pedidos nacionais. O processo de depósito de patentes via PCT envolve duas fases principais: uma internacional e outra nacional. O primeiro estágio de fase internacional abrange três etapas: o depósito da patente, a busca por anterioridade internacional e a publicação internacional. Há, ainda, uma quarta etapa opcional, com exame preliminar internacional da patente caso o depositante tenha interesse. Em seguida, se inicia o segundo estágio da fase nacional, em cada um dos países em que o depositante deseje obter a patente, como descrito na Figura II.2.

O PCT visa simplificar os procedimentos necessários para a obtenção de patentes em vários países. Além disso, uma vantagem de utilizar o PCT é que ao preencher uma única solicitação, em um escritório de patente, o solicitante obtém uma data internacional de depósito. Essa data de depósito terá efeito em cada um dos países designados do PCT, mesmo estando em um único idioma. Uma estratégia utilizada por alguns depositantes é fazer o depósito via PCT para que possa retardar a decisão de continuar ou não o procedimento em um determinado país.

Usualmente, após o depósito do PCT, o depositante tem um prazo de dezoito meses para optar se entra ou não em fase nacional nos países de interesse. Contudo, para obter a proteção, em vários países diferentes, é necessário requerer uma patente para cada um deles, com os custos de tradução, depósito e manutenção de cada país. Caso não sejam pagas as anuidades, em cada país, a patente pode ser extinta e a tecnologia utilizada por terceiros sem a necessidade de pagamento de royalties aos titulares dos direitos.

Figura II.2 - Fluxograma das fases e do processo de patenteamento pelo PCT.

A duração da patente de modelo de utilidade é de quinze anos, e da patente de invenção de vinte anos. Após esse período, a tecnologia protegida pode ser explorada por todos. Apesar dessa desvantagem para o inventor e depositante, a patente também serve para impulsionar novos avanços com melhorias e evoluções. Em 1907, por exemplo, a empresa *American Telefone and Telegraph Company* entrou em crise e com risco de perder domínio nos serviços de telefonia, quando as patentes do fundador, Alexander Graham Bell, expiraram. Essa situação impulsionou a empresa para que trabalhasse em outros projetos ousados, como a inovadora tecnologia, que permitia fazer uma chamada entre duas cidades a quilômetros de distância. Tantas inovações fizeram com que a companhia AT&T, que começou em 1875, com um acordo entre um inventor (Alexander Graham Bell) e dois investidores (Gardiner Hubbard e Thomas Sanders), se mantivesse no mercado até hoje.[32]

Capítulo 14
Para que servem as informações das patentes?

Com as patentes é possível obter uma ampla gama de dados e informações que de nada servem sem o conhecimento prévio de como interpretar, analisar e utilizar esse conhecimento. Não é muito útil fazer uma busca pelo estado da técnica sem saber o que se pode encontrar. Os dados e informações advindas das patentes têm uma série de aplicações, que são agrupadas em três principais e seguem expostas.

1. Patenteabilidade

Os dados podem ser usados para estudos de patenteabilidade e invalidade. Também podem ser utilizada para avaliar se uma ideia nova já está protegida por meio de patentes ou não, e para estudos de liberdade de comercialização, a fim de verificar se a patente existente está em vigência, e está depositada no país em que se deseja comercializar o produto.

2. Estado da técnica

As informações servem para mapear segmentos tecnológicos; analisar a necessidade de um patenteamento estratégico, em países em que há um depósito majoritário de patentes com tecnologias similares a que se deseja patentear; identificar as principais empresas, depositantes e inventores para identificar possíveis parceiros que possuam tecnologias afins e poderiam ter interesse em licenciar a tecnologia.

3. Prospecção tecnológica

Analisar as patentes com finalidade de identificar lacunas de desenvolvimento tecnológico com possibilidade de desenvolvimento de invenções estratégicas. Na Parte IV será demonstrado, em maiores detalhes, como pode ser feito o monitoramento científico-tecnológico como método auxiliar para a análise de uma prospecção tecnológica.

Capítulo 15
Fontes de informações tecnológicas

Para melhor compreender que dados e informações podem ser obtidas dos documentos de patentes, primeiramente, se analisará o que está descrito no documento. Cada patente deve conter, pelo menos, o relatório descritivo, o resumo, as reivindicações e desenhos dependendo do documento. Na Figura II.3 estão demonstradas as partes principais da primeira página das patentes.

1. Relatório descritivo

O relatório descritivo contém o título do documento, que é um dos meios mais utilizados com finalidade de pesquisa para encontrar patentes do campo de interesse. Nem sempre o título vai descrever o produto em si, ou mesmo a marca comercial dele. Por exemplo, a patente de um celular pode não ter como título "celular" e sim "Dispositivo para ligações móveis".

Além disso, no relatório descritivo deverá estar relatada, de forma clara, a atividade inventiva e inédita da invenção em relação ao estado da técnica e, normalmente, contém informações científicas e tecnológicas. O inventor deve mostrar que sua invenção é diferente em relação ao estado da técnica anterior a sua realização. É recomendável que estejam descritos indicativos da existência de atividade inventiva. Além disso, dados de comparação da invenção com o que já está patenteado ou foi publicado, dados que mostram as vantagens da nova tecnologia, ou a resolução de um problema técnico das tecnologias anteriores podem estar presentes. O relatório descritivo pode conter, ainda, exemplos da presente invenção, com descrição de componentes, formas e tipos de apresentações variadas, por exemplo, como representado na Figura II.4.

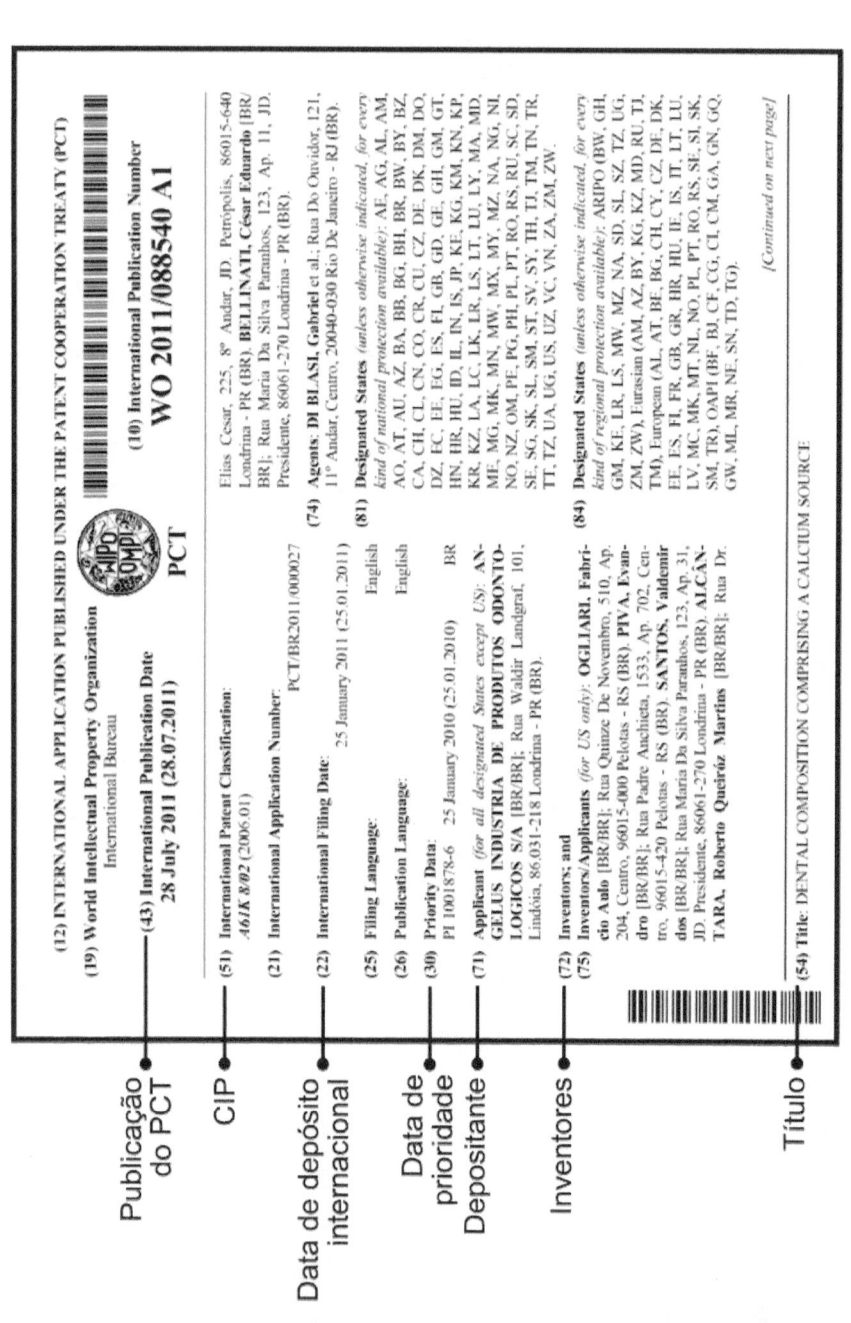

Figura II.3. Principais informações descritas na primeira parte de um documento de patente.

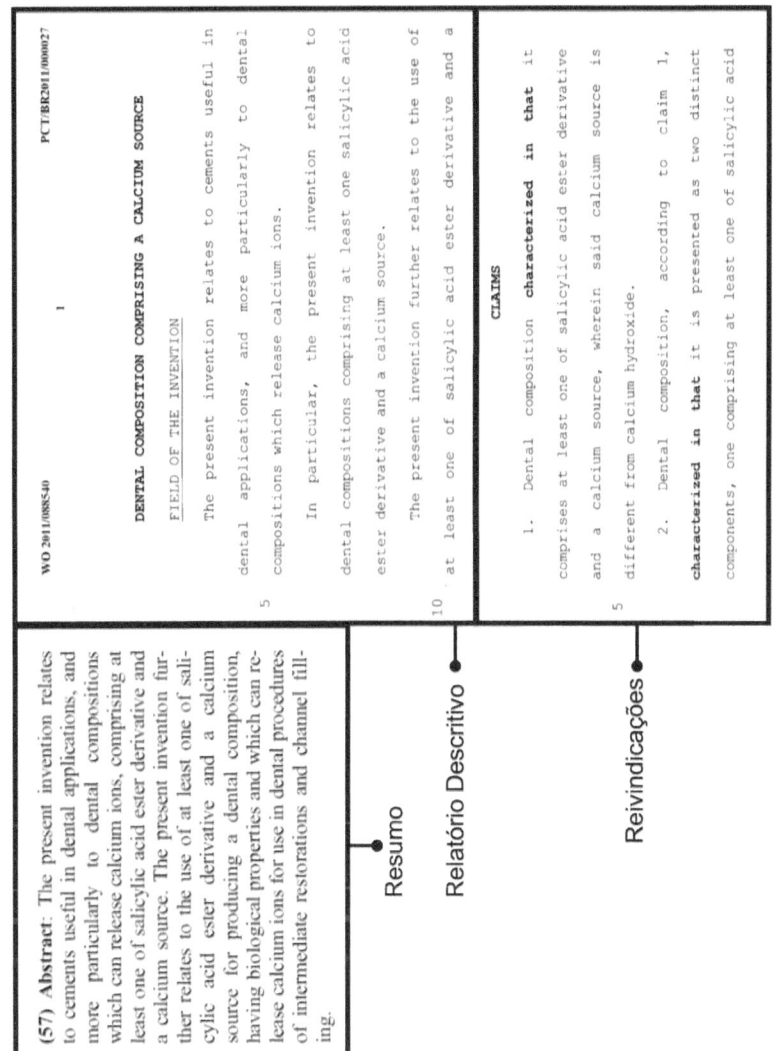

Figura II.3 - Resumo, relatório descritivo e reivindicações da patente.

2. Reivindicações

A parte denominada de reivindicações é, possivelmente, a mais importante da patente, uma vez que é nessa parte que estão descritos os limites da proteção da invenção, e o que especificamente essa protege, sendo a base legal da proteção patentária. Elas devem estar fundamentadas pelo que está descrito no relatório descritivo, de modo a caracterizar as particularidades do pedido e definir a matéria objeto da proteção. As reivindicações são classificadas em independente ou dependente. As independentes descrevem, de maneira ampla, os componentes essenciais e específicos da invenção. Já as dependentes se relacionam com as independentes detalhando o que foi descrito de maneira geral. A expressão 'caracterizado por' é utilizada para separar o que já é conhecido no estado da arte e da técnica do que foi patenteado.

3. Resumo

A parte do resumo contém um sumário do relatório descritivo, das reivindicações e dos desenhos. Como é um dos instrumentos mais utilizado, a fim de pesquisa nas bases de dados, como se irá mostrar nos próximos capítulos, é importante analisar que termos, usualmente, podem ser utilizados para descrever a invenção. Esses termos devem ser incluídos na estratégia de busca para facilitar a recuperação de documentos de interesse.

4. Desenhos

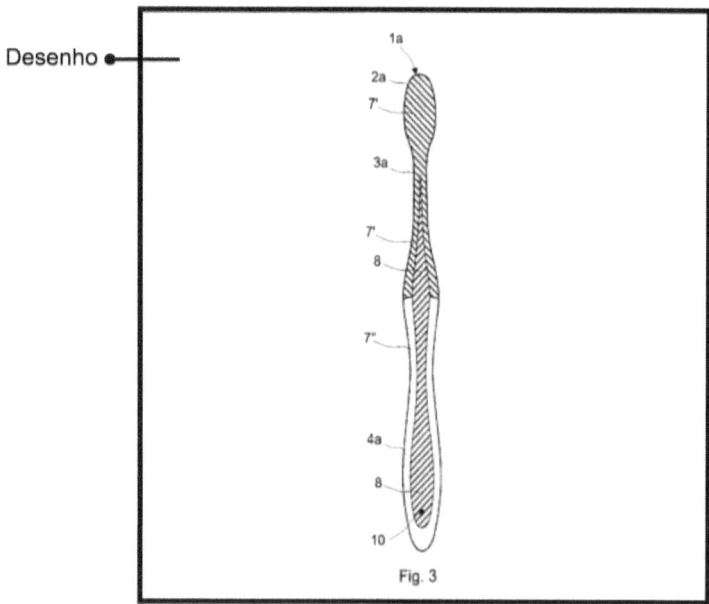

Figura II.4 - Exemplo de desenho de patente em preto e branco e com indicativos de partes da tecnologia utilizando letras e números.

Nos desenhos estarão representados dispositivos patenteados, aparelhos, peças necessárias, acessórios, esquemas, diagramas, e outras imagens que auxiliem na compreensão da invenção. Também podem conter gráficos e resultados de pesquisa com análises da invenção que mostrem diferenças em relação ao estado da técnica. Todos os desenhos estarão em preto e branco, e podem conter indicativos em letras ou números de partes da tecnologia, como representado na Figura II.4.

Capítulo 16
Dados para análise tecnológica

Que tipos de dados podem ser resgatados das patentes em um monitoramento de setor tecnológico? Na verdade, as quatro partes principais das patentes descritas anteriormente vão ser bastante ricas em informações. Só que se a pessoa não souber onde encontrar e o que analisar, de nada adiantaria ter todas as informações.

Para facilitar o entendimento, esses se apresentam divididos em quatro tópicos de dados, que podem ser obtidos dos documentos de patentes e estão descritos na Tabela II.2: dados gerais, setor tecnológico, princípios inventivos, proteção.

1. Dados gerais

Usualmente, na primeira folha na patente, ou na descrição do documento nas bases de dados, estarão descritos os dados gerais daquele documento. Os dados gerais se referem ao título do documento, a data de prioridade (referente à data em que foi realizado o primeiro depósito), a data de publicação, os desenhos daquele documento. Na Figura II.3 estão demonstrados os locais de cada uma dessas informações.

Entre os dados gerais, é importante cuidar com as Famílias de Patentes. Uma mesma patente pode estar depositada, em países diferentes, com títulos e textos traduzidos distintos. No entanto, seus dados de prioridade (como data, número e país de prioridade do documento) permanecem o mesmo. Posteriormente, quando serão demonstrados alguns modos de analisar um amplo número de patentes, será importante saber identificar essas famílias de maneira a remover documentos duplicados.

Tabela II.2 - Tópico de principais dados que podem ser obtidos das patentes.

Tópicos	Descrição
Dados gerais	Título Data de prioridade Data de publicação Desenhos
Setor tecnológico	CIP Depositante Inventor País de prioridade
Princípios inventivos	Resumo Relatório descritivo *Estado da arte* *Estado da técnica*
Proteção	Reivindicações País de depósito Vigência

2. *Setor tecnológico*

As informações quanto ao setor tecnológico que a patente estudada se refere podem ser obtidas da Classificação Internacional de Patentes, do depositante, dos inventores, do país de prioridade e dos países nos quais a proteção se extende. Ao contrário dos artigos científicos, que são indexados de acordo com palavras-chaves, as patentes são indexadas nas bases de dados, por meio da Classificação Internacional de Patentes (CIP). O CIP foi criado para facilitar a busca e uso das informações de patentes.

Dados quanto ao depositante podem indicar empresas, institutos tecnológicos e universidades que detém o domínio do setor tecnológico analisado. O mesmo vale para os dados dos inventores. Enquanto isso, o país de prioridade indica o local no qual o depósito foi realizado primeiramente, podendo ser utilizado como indicativo dos países com domínio tecnológico do setor.

3. *Princípios inventivos*

Os princípios inventivos por detrás da ideia que originou a patente estão descritos sucintamente no resumo, e mais detalhadamente no relatório descritivo (no estado da arte e da técnica). O resumo, usualmente, contém o principal diferencial da tecnologia patenteada referente ao que está no estado da arte e da técnica. Na Parte V essas informações serão abordadas em maiores detalhes, bem como alguns princípios inventivos principais que são utilizados em inovação.

4. *Proteção*

Os dados quanto ao que a patente protege estão descritos nas reivindicações. Informações quanto ao status da vigência da patente (vigente, deferida, indeferida, etc.) também podem ser importantes, já que patentes expiradas podem ser exploradas sem a necessidade de licenciamento. Essas informações podem ser mais difíceis de serem encontradas. Normalmente, algumas bases de dados de patente, como o Espacenet (https://worldwide.espacenet.com) do Escritório Europeu de Patentes (EPO) tem a informação contida no item "Legal Status". Já os países de depósito podem indicar os principais mercados para a tecnologia patenteada, nos quais a proteção se estende. Países em que o depósito não foi feito podem produzir e comercializar a tecnologia sem necessidade de licenças ou pagamento de royalties aos detentores dos direitos.

Capítulo 17
Classificação Internacional de Patentes (CIP)

Todas as patentes são classificadas de acordo com a Classificação Internacional de Patentes (CIP). Essas são indexadas de acordo com símbolos baseados em um tratado multilateral administrado pela Organização Mundial da Propriedade Intelectual (OMPI), chamado Acordo de Estrasburgo Relativo à Classificação Internacional de Patentes, que foi concluído em 1971 e entrou em vigor em 1975.

A busca de patentes, utilizando a CIP, auxilia a romper uma série de problemas que ocorrem quando são usadas somente as palavras-chave, como relatado anteriormente no caso do "celular", que poderia estar descrito com outro termo, como "dispositivo para telefonia móvel", mas estará indexado com as CIPs correspondentes à tecnologia. Atualmente, mais de cem países com seus escritórios nacionais utilizam a CIP, assim como a Secretaria da OMPI, que atua como escritório receptor do PCT. Não é o inventor que define a CIP, e sim os próprios escritórios no momento de indexação dos documentos.

A CIP é organizada em níveis hierárquicos, que incluem seções, classes, subclasses, grupos e subgrupos. Cada seção tem uma letra que se refere a um título e uma área de conhecimento específico:

A. Necessidades Humanas.

B. Operações de Processamento e Transporte.

C. Química e Metalurgia.

D. Têxteis e Papel.

E. Construções Fixas.
F. Engenharia Mecânica; Iluminação; Aquecimento; Armas; Fornos.
G. Física.
H. Eletricidade.

Para entender melhor, é preciso compreender como é feita a classificação completa. Utiliza-se aqui o exemplo a seguir para facilitar o entendimento (Tabela II.3).

Tabela II.3 - Exemplo de Classificação Internacional de Patente (CIP) de um produto odontológico.

Nível hierárquico	CIP	Descrição
Seção	A	Necessidades humanas
Classe	A61	Ciência médica ou veterinária, higiene
Subclasse	A61K	Preparações para finalidades médicas, odontológicas ou higiênicas
Grupo Principal	A61K 6	Preparações para odontologia
Subgrupo	A61K 6/08	Uso de resinas naturais ou sintéticas

E como descobrir qual a CIP relacionada ao setor referente às patentes de interesse? Há duas formas principais. A primeira envolve procurar, manualmente, pelos códigos no site da classificação (http://www.inpi.gov.br/menu-servicos/patente/classificacao-de-patentes). A busca pode ser feita por termos e palavras-chave, ou mesmo procurando por seção, classe, subclasse... até encontrar a CIP mais relacionada com a tecnologia de interesse.

O modo que se indica seria procurar as CIPs pelas patentes. E como fazer isso? É só fazer uma busca com termos genéricos relacionados às patentes de interesse, usando palavras-chaves em qualquer base de dados patentária (como o próprio Google Patents). Assim, é possível recuperar algumas patentes que se têm certeza que estão relacionadas ao setor tecnológico de interesse. Por exemplo, se procura por patentes de "celular", é só buscar por "celular" na base de dados e verificar as patentes que, com certeza, são referentes ao celular. Essas patentes vão conter CIPs já indexadas. Adicionalmente, pode confirmar quais CIPs têm mais relação com a tecnologia pela busca no site da classificação. Dependendo do setor, não será necessário especificar toda a classificação da CIP. De maneira geral, só os quatro primeiros códigos já são suficientes na maioria das vezes. Além disso, alguns escritórios têm uma classificação específica para a busca, similar ao CIP, que pode ser utilizada na busca. Posteriormente, será descrito como cruzar as CIPs com as palavras-chaves para montar estratégias de busca mais robustas.

Capítulo 18
Bases de dados

A busca em bases de dados ainda apresenta alguns problemas que vêm desde a popularização da internet. E esses problemas não acontecem apenas para as bases de patentes. Há cerca de vinte anos, na metade da década de 1990, dois rapazes eram candidatos ao doutorado na Universidade de Stanford e precisavam fazer um projeto. Um dos professores da universidade pediu para que um deles fizesse um projeto de mineração de dados, para explorar grandes quantidades de dados e detectar informações relevantes. Outro professor pediu para que o outro rapaz trabalhasse em um "projeto de tecnologias para biblioteca digital", com o objetivo de administrar informações em uma grande biblioteca digital. Mesmo que eles tivessem trabalhando em problemas diferentes, eles perceberam que, na verdade, trabalhavam em um problema maior de grau bem similar: a dificuldade de fazer a busca de dados. Naquela época já existiam alguns dispositivos de busca na internet, como o Lycos, Magellan, Infoseek, Excite e Alta Vista, mas que não funcionavam direito. Quando era feita a busca de algum item específico, o que retornava de resultado, muitas vezes, era vírus ou pornografia.

No mesmo período, dois outros estudantes de doutorado de Stanford identificaram esse mesmo problema. Como solução, eles criaram um portal em que classificaram o conteúdo por categoria, como esportes, notícias, finanças, entre outros. Para esse portal deram o nome de "Yahoo". No entanto, esse ainda não era a solução para o problema de busca, e conforme os dois rapazes iam trabalhando na tese de doutorado, eles iam aprimorando a capacidade de reconhecer padrões e lidar com esses dados. Assim, criaram um algoritmo para determinar a importância das páginas da internet com base em um sistema de classificação de links, que chamaram de *PageRank*. Similar ao que ocorre com artigos científicos, em que os mais citados seriam considerados os mais relevantes e deveriam ser os primeiros a retornarem na busca. A patente[34] desse sistema foi depositada pela Universidade de Stanford como propriedade da Universidade. Com isso, Larry Page e o Sergey Bin deixaram a Universidade antes de terminarem o doutorado e fundaram o Google em 1998. No final, em 2005, a patente foi vendida pela Universidade de Stanford por 360 milhões de dólares. E o Google já tinha um valor de quase 200 bilhões de dólares.[32] O site de busca do Google foi desde então evoluindo, e é até hoje o principal site de busca, permitindo a busca, inclusive, de artigos (Google Acadêmico) e patentes (Google Patentes).

Os mecanismos de busca e as bases de dados que existem hoje seguem, na sua maioria, o princípio de busca simplificado do Google que deu certo. Mesmo que você nunca tenha usado o Google, no momento que abre a sua página há apenas uma opção de busca. Não há dúvidas ao usuário de onde procurar ou clicar, e o site é bastante intuitivo. É na simplicidade que se encontra a mágica do Google. Por exemplo, se você digitar "bancos de dados de patentes" já será possível obter uma série de informações no próprio Google. É importante saber isso, pois o segredo das buscas de informações científicas e tecnológicas está em saber como ir atrás dessa informação.

E para que servem os dados das patentes? Os dados de fontes de informação tecnológica podem ser utilizados para formulação de políticas públicas e privadas, de ações estratégicas de planejamento, de análise de tendências e desenvolvimento de novos produtos inovadores. A análise desses dados envolve não apenas uma abordagem crítica, como também uma abordagem voltada para a inovação. As buscas podem ser utilizadas para investigar a patenteabilidade dos documentos já existentes ou de novas invenções, que o inventor tem interesse de patentear (analisando se essa apresenta os três requisitos básicos para patenteamento: novidade, atividade inventiva e aplicação industrial). Além disso, o pesquisador pode encontrar tecnologias alternativas para a solução de problemas técnicos. Também serve para identificar mercados para exploração de tecnologias, monitoramento das atividades da concorrência e identificação de possibilidades de licenciamento. Essas informações também são usadas para ações legais, com a finalidade de encontrar patentes, que podem ser usadas em ações judiciais, ou mesmo nas fases de oposição e recursos após o depósito das patentes.

As vantagens de utilizar patentes, como fontes de dados, para informação tecnológica são diversas. Há uma quantidade imensa de documentos disponíveis, e apesar de não se saber qual o número exato de patentes já publicadas, estima-se que esse valor seja superior a 80 milhões de documentos. Outra vantagem já descrita é que os documentos são indexados com base na CIP, o que auxilia na recuperação de documentos relevantes, que muitas vezes não têm descrito, com clareza, a tecnologia por meio do título e resumo. Além disso, as patentes são concedidas para todos os setores tecnológicos, com abrangência para várias áreas de desenvolvimento. Elas são, ainda, acessíveis ao público, por meio de bases de dados específicas, usualmente, centralizadas e disponibilizadas por escritórios nacionais ou regionais de patentes.

Capítulo 19
Busca em bases de informação tecnológica

Neste capítulo se procuram demonstrar os passos básicos da busca para qualquer base de dados. No manuseio das bases há uma tendência de se desenvolver sites e programas mais intuitivos. Mesmo que uma pessoa nunca tenha entrado no sistema, ela conseguiria por intuição mexer neles. Contudo, nem sempre a busca é tão clara, e algumas bases de patentes têm particularidades importantes.

Para algumas funções, talvez, seja necessário um treinamento específico, e objetivo não é esgotar todos os meios de busca, em todas as bases de dados, e sim simplificar e facilitar o processo, que vem antes de qualquer inovação: a busca de anterioridade de patentes. Apesar de o manuseio ser bastante intuitivo, muitas dúvidas podem ser tiradas com tutoriais disponíveis na internet. Assim, também é importante manusear e procurar informações nos sites de busca para se familiarizar com os mecanismos de busca.

A busca de documentos de patentes é um processo interativo, que pode sofrer ajustes contínuos na estratégia de busca até ficar otimizada. A busca, usualmente, começa a partir de um foco amplo, e depois o foco vai ficando mais específico, a fim limitar o número de patentes que serão recuperadas, lidas e analisadas, otimizando o processo. Para facilitar, dividiu-se o processo de busca em quatro passos principais, que funcionam para qualquer busca que se precise realizar. Esses passos englobam desde a identificação dos sites de busca das bases de dados até a realização da busca propriamente dita.

1. Primeiro passo: Identificar o site de busca

A primeira etapa envolve identificar o site de busca de interesse. Há diversos bancos de dados de patentes gratuitos, os principais estão listados no Apêndice A. Há também softwares e sistemas on-line pagos para busca e até análise de documentos, como: o Questel Orbit (Paris, França) e o Vantage Point (Search Technology, Inc., Norcross, Geórgia, Estados Unidos).

O importante é saber quais bases de dados existem e aprender a usar as ferramentas que são disponibilizadas para encontrar as patentes relevantes. Os sites também podem ser atualizados com certa frequência. Caso não se encontre o site de busca que se deseja, deve-se procurar, inicialmente, o site da base de dados de interesse em um site geral de busca (como o próprio Google). As bases essenciais para qualquer busca são a americana (USPTO), a europeia (EPO), a japonesa (JPO) e o PatentScope que busca apenas PCTs.

Além da busca em documentos de patentes referentes à informação tecnológica, também é importante buscar informações em literatura não patenteada de dados tecnológicos, que pode ser consultada em bases específicas. Dados relacionados com a propriedade industrial, patentes, inovação, royalties, indicadores de ciência e tecnologia são disponibilizados na internet. Usar apenas dados de patentes como indicador de inovação não é recomendado, como se discutirá nos próximos capítulos. Algumas bases são possíveis de encontrar no site da WIPO (ou através do seguinte link: http://www.wipo.int/econ_stat/en/economics/research/), sendo que as principais estão descritas no Apêndice B.

2. Segundo passo: Encontrar o campo de busca

No Google, esse passo ocorre junto com a abertura do site. Como descrito anteriormente, o Google tem um sistema de busca bastante intuitivo, o que facilita o uso. Contudo, em vários sites dos escritórios de patentes será necessário procurar manualmente o campo de busca, que pode não ser claramente identificado. No Apêndice C segue descrito o passo a passo de como encontrar o campo de busca nas principais bases de dados de patentes.

3. Terceiro passo: Definir a estratégia de busca

A definição da estratégia de busca é uma das etapas mais importantes da busca de patentes. Para melhorar a efetividade da análise se deve procurar explorar as opções de cada base de patentes na busca avançada e combinar as palavras-chave com os símbolos da CIP. Para definição das palavras-chave, siga as dicas na Tabela II.4 e da Figura II.6. Algumas bases de dados apresentam particularidades quanto à estratégia de busca. Cuide para seguir as regras da base e colocar os termos entre parênteses, ou aspas se necessário.

Tabela II.4 - Como definir as palavras-chave.

Passos	Exemplo
1. **Especifique os termos mais comuns para a tecnologia**	"Celular", "Celulares", "Telefones".
2. **Pense que termos similares poderiam indicar a mesma tecnologia**	"Dispositivo portátil para chamadas telefônicas", "Dispositivo para ligação de voz e vídeo".
3. **Use operadores booleanos (se a base de dados permitir)**	**AND**: Intersecção de grupos (celulares AND touchscreen) (Figura II.6A).
	OR: Para combinar grupos similares (celulares OR celular OR telefone). Representa a união dos termos (Figura II.6B).
	NOT*: Para excluir grupos (celular NOT "tela monocromática") (Figura II.6C).

* Não é aconselhado usar o NOT. A maioria das bases procura pelos termos no título e resumo. A tecnologia pode estar descrita no resumo como "celular é diferente dos que possuem tela monocromática". Se utilizado termos "NOT tela monocromática" haveria exclusão de uma patente potencialmente relevante.

Alguns softwares, com o Questel Orbit, também utilizam comandos específicos que permitem uma definição mais precisa da estratégia de busca. Além disso, se quiser saber o que as empresas estão desenvolvendo na área de interesse, realize as buscas combinando a classificação com o nome da empresa. Existem também variações nos formatos de números e datas, nome do titular/depositante e inventor (pode estar abreviado ou ter sido alterado com fusão ou aquisição de empresas, ou mesmo venda da patente). Todos os dados podem ser combinados, a fim de otimizar a busca e encontrar os documentos mais relevantes para a área de interesse.

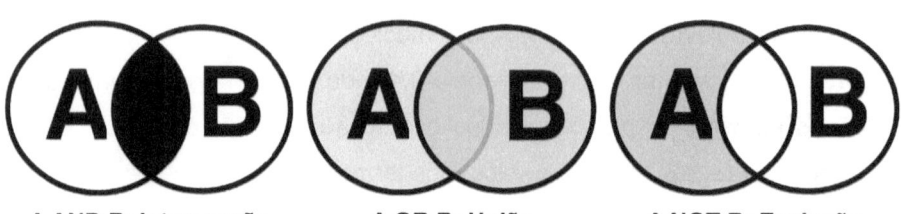

A AND B: Intersecção   A OR B: União   A NOT B: Exclusão

Figura II.6 - Representação do efeito dos operadores booleanos "AND", "OR" e "NOT" em conjuntos.

4. Quarto passo: Realizar a busca

O último passo envolve a realização da busca. Os documentos recuperados podem ser baixados por completo para serem analisados. Posteriormente se descreverá como a análise pode ser realizada. Em um primeiro momento, é importante verificar os documentos, especialmente, por título e/ou resumo para identificar os potencialmente relevantes para a análise. Caso haja dúvidas, o melhor é manter o documento para analisá-lo, em sua totalidade, posteriormente.

Capítulo 20
Triagem da informação tecnológica

Depois de realizar a busca e recuperar os documentos relevantes para a análise tecnológica, será necessário triar esses documentos. Como em uma revisão sistemática, inicialmente, pode ser triado o título e o resumo por duas pessoas, independentemente, para depois ser feita a triagem do documento completo. Se houver dúvida quanto à inclusão, um terceiro pode ser consultado. Essa pode ser uma das etapas mais trabalhosas do processo. Mais colaboradores podem ajudar. Usualmente, trabalha-se com um grupo de pessoas que auxiliam na tabulação de dados. Como a equipe que faz a análise é a mesma que desenvolve e trabalha nos projetos de pesquisa advindos dessas análises, o processo auxilia no aprimoramento do conhecimento dos membros do grupo quanto ao tópico analisado. As colaborações são bastante importantes nesse momento. É fundamental que cada colaborador também esteja atento aos possíveis "sinais", que podem surgir durante a triagem e tabulação dos documentos selecionados. É nesse momento que muitos "sinais" escondidos podem estar presentes.

Existem softwares e sistemas on-line que auxiliam no processo de triagem e remoção de duplicatas (e famílias de patentes) como o Questel Orbit (Paris, França). Esse facilita a realização de uma triagem mais rápida e completa, uma vez que permite a busca simultânea de patentes em mais de oitenta autoridades. Além disso, esse sitema permite realizar análises estratégicas por setor, inventor, citações, entre outros. Entretanto, esses sistemas são pagos, o que dificulta a popularização de seu uso. Caso não haja disponibilidade de acesso a tais sistemas, a triagem e a seleção de documentos podem ser feitas manualmente.

O mais indicado é realizar a busca e triagem tanto nos sistemas on-line quanto nas bases de dados gratuitas, e triar os documentos manualmente para aumentar a precisão e a robustez dos resultados. Softwares de planilhas, como Microsoft Excel (Microsoft, Estados Unidos) podem ser utilizados para tabular dados de interesse e facilitar a análise, que será mais bem discutida na Parte III.

Pontos principais

- Patente é um documento legal que descreve uma invenção por um período de tempo em determinado país, e é uma das principais formas de identificar os "sinais" que precedem as inovações.
- A patente deve obedecer três princípios básicos: ser uma invenção inédita, envolver uma atividade inventiva e ter aplicação industrial.
- As patentes de invenção têm vigência de 20 anos, e as de modelo de utilidade de 15 anos.
- Não é possível analisar anterioridade de patentes depositadas há cerca de dezoito meses: período de graça.
- O PCT (*Patent Cooperation Treaty*) se refere ao Tratado de Cooperação em Matéria de Patentes, e diz respeito ao depósito de um só pedido de patente internacional, que pode se transformar em uma multiplicidade de pedidos nacionais.
- Os dados e informações advindas das patentes têm uma série de aplicações agrupadas em três principais: patenteabilidade, estado da técnica e prospecção tecnológica.
- Cada patente deve conter, pelo menos, o relatório descritivo, o resumo, as reivindicações e desenhos, dependendo do documento.
- As reivindicações, possivelmente, se apresentam como a parte mais importante da patente. É ali que estão descritos os limites da proteção da invenção, e o que especificamente essa protege, sendo a base legal da proteção patentária.
- Todas as patentes são classificadas de acordo com a Classificação Internacional de Patentes (CIP). A CIP é organizada em níveis hierárquicos, que incluem seções, classes, subclasses, grupos e

subgrupos. Cada seção tem uma letra que se refere a um título e uma área de conhecimento específico.

- A busca de documentos de patentes é um processo interativo, que pode sofrer ajustes contínuos na estratégia de busca até ficar otimizada. Esse processo pode ser feito em quatro passos: identificar o site de busca, encontrar o campo de busca, definir a estratégia de busca e realizar a busca.
- Deve-se definir a estratégia de busca, especificando os termos mais comuns para as tecnologias, pensando em termos similares, usando operadores booleanos (AND e OR) e combinando as palavras-chave com os símbolos da CIP.

Parte III
Estado da Arte

"O poder não vem do conhecimento mantido, mas sim do compartilhado."
                                                    Bill Gates

Capítulo 21
Informação científica

A informação científica é um importante aliado para identificar os "sinais", que podem nortear futuras inovações. Juntamente com os dados tecnológicos, a informação científica auxilia a obter o panorama mais completo do estado da arte e da técnica do setor de interesse. Há uma imensa quantidade de fontes de dados para análises científico-tecnológicas. As próprias patentes são fontes valiosas como descrito, anteriormente, na Parte II. Nos próximos capítulos se detalharão as formas de obtenção de dados e informações científicas, que estão disponíveis em artigos científicos, resumos de congressos, teses e dissertações, projetos de pesquisa, livros, sites e blogs, entre outros.

E por que buscar essas informações? Muitas vezes, o que pode estar sendo pesquisado não está sendo protegido por meio de patentes. Estudos em ciências básicas, por exemplo, podem permitir vislumbrar inovações em um futuro bastante distante, uma vez que muitos estudos são necessários até a aplicação de tecnologias emergentes. O próprio computador como se conhece hoje foi fruto de uma série de estudos acadêmicos bastante específicos, focados apenas em porções menores da tecnologia: como na otimização dos chips, no aperfeiçoamento dos sistemas, em melhorias do hardware. Até o momento em que as tecnologias chegaram a um nível de desenvolvimento que permitiu extrapolar o ambiente acadêmico e atingir o mercado, levando ao desenvolvimento de empresas como a IBM, Xerox, Hewlett-Packard, Apple, Microsoft.

Tecnologias avançadas demandam pesquisas em vários cantos do planeta, e podem demorar anos de evolução. Compreender o todo e onde tais tecnologias se inserem com aplicações no mercado é o segredo para vislumbrar as inovações do próximo século. Possivelmente, não serão invenções de um único inventor, de uma única empresa, de um único pesquisador, mas de um conjunto de pesquisas, que vão propiciar os avanços naquele setor. É bastante provável que já existam diversas tecnologias desenvolvidas que ainda não encontraram seu melhor nicho com aplicação no mercado.

Observar as informações tecnológicas juntamente com as científicas pode auxiliar a identificar esses "sinais" que vão escrever o futuro. Ficar para trás nesse processo pode ser um preço caro demais para as empresas, que precisam se renovar constantemente. Nos próximos capítulos serão abordadas as principais fontes de informação científica, e como recuperar os documentos relevantes para auxiliar na identificação de "sinais" para a inovação.

Capítulo 22
Fontes de informação científica

E como obter as informações? Embora o Google já facilite, enormemente, a busca de documentos, é fundamental conhecer outras bases de dados para obter um panorama mais completo do desenvolvimento científico no setor de interesse. Na área da saúde, por exemplo, uma das principais base de dados é o PubMed. Em torno de 30 a 80% de todos os ensaios clínicos randomizados seriam identificáveis pelo PubMed (dependendo da área ou questão específica).[35] Ir além de uma única base de dados é fundamental, não apenas para garantir que o maior número possível de informações relevantes seja identificado, mas também para minimizar o viés de seleção para aqueles que foram encontrados. Uma pesquisa em poucas bases pode recuperar um conjunto de documentos não representativos do todo, de modo a obter uma visão distorcida do que um panorama mais completo.

A maneira mais fácil e menos demorada de identificar um conjunto de informações científicas relevantes é conhecer as bases de dados que agrupam as informações do setor tecnológico pesquisado. Para o setor da saúde, por exemplo, algumas bases de dados bibliográficos como MEDLINE e o EMBASE incluem resumos para a maioria dos registros recentes. Na área de fisioterapia, a base PEDro (Phisiotherapy Evidence Database) é fundamental para a busca. Para enfermagem, o CINAHL pode ser utilizado. E para área da química, o SciFinder é bastante utilizado. Esses bancos de dados têm a vantagem de poderem ser pesquisados pela internet, e a grande maioria é de acesso gratuito. No Apêndice D está descrita uma série de bases de dados para variadas áreas de interesse.

Capítulo 23
Dados para análise científica

Entender quais dados são de interesse para análise científica é essencial para descobrir qual a melhor (ou as melhores) base de dados para obter essas informações. Enquanto as patentes vão fornecer dados bastante específicos quanto à tecnologia de interesse, conforme abordado na Parte II, dependendo do documento utilizado como fonte de informação científica, muitos dados adicionais podem ser recuperados e utilizados como "sinais" para encontrar novas lacunas.

Uma fonte rica de informações científicas se apresenta nos artigos científicos. Com esses é possível identificar os principais pesquisadores do setor tecnológico de interesse (que podem não ter relação com os principais inventores, uma vez que muita pesquisa científica é realizada sem finalidade de atingir o mercado). A evolução anual de pesquisas, as principais universidades e centros de pesquisa que atuam na área.

Dados relacionados à intervenção, os testes realizados e os materiais ou tecnologias avaliados também são de grande valia, já que muitas vezes essas não são similares, com comparações, inclusive, de marcas diferentes que influenciam nos resultados. Também é possível avaliar quais materiais são considerados como padrão-ouro, suas vantagens e limitações. Geralmente, as limitações são fontes-chave para identificar problemas (e contradições) que podem ser superadas com a aplicação de princípios inventivos e desenvolvimento de novas inovações.

Os estudos de revisão e as informações disponíveis em livros podem dar uma ideia geral do setor estudado, e se aconselha que sejam esses os primeiros a serem recuperados, lidos e estudados. É a partir desses estudos que é possível identificar outros trabalhos, podendo servir de base para a análise mais completa.

De maneira geral, dividem-se os estudos em dois tipos principais: os focados em avaliação e os focados em desenvolvimento. Ambos podem servir de fonte para informação científica. Os focados em avaliar materiais já existentes são, principalmente, estudos laboratoriais, experimentos em animais ou estudos clínicos, no caso da saúde. Os focados em desenvolvimento testam o desenvolvimento de novos materiais, equipamentos, tecnologias. Se o objetivo é identificar lacunas de desenvolvimento, ambos podem ser úteis, pois vão mostrar quais os problemas que o setor ainda apresenta. Usualmente, os de desenvolvimento podem mostrar caminhos alternativos e soluções técnicas já encontradas. Além disso, soluções técnicas encontradas em um setor podem ter aplicações em outro. Um metal super-resistente desenvolvido para ser utilizado em aviação pode ter aplicação em robótica, por exemplo.

Algumas tecnologias também têm características específicas, e os estudos podem ser classificados de acordo com o que se deseja obter na análise. Por exemplo, em um monitoramento científico de cremes dentais, há uma série de produtos estudados, que deverão ser identificados. Para facilitar a análise, é mais fácil classificá-los de acordo com o interesse da pesquisa: cremes com flúor, cremes clareadores, cremes dessensibilizantes, cremes para crianças, cremes com sabores variados, entre outros. Importante notar que uma tecnologia comum já permite uma série de classificações. Assim, pode-se escolher o melhor modo de classificar a de interesse, e obter esses dados pode auxiliar na análise do setor e na identificação de oportunidades para inovação.

Outra fonte de dados decorre da chamada literatura cinza, que inclui resumos de trabalhos apresentados em congressos, estudos não publicados, entre outros. Resumos de congressos, usualmente, não apresentam em detalhes muitos dados e informações, mas apresentam os resultados mais recentes de pesquisas na área e fornecem um panorama mais atualizado da pesquisa atual do setor de interesse. Por outro lado, as teses e dissertações são as que apresentam, em mais detalhes, os estudos científicos (mesmo aqueles já publicados em revistas científicas). Algumas bases também fornecem dados de projetos de pesquisa em andamento, ou resultados de pesquisas que não foram publicados e podem ser importantes para obter dados para o desenvolvimento de produtos. Dados obtidos das mais variadas fontes podem ser tabulados e comparados, auxiliando na interpretação crítica e análise dos resultados científicos.

Capítulo 24
Bases de informação científica

As bases de dados de informações científicas vão variar de acordo com o documento e o setor tecnológico. Para artigos, o Google Acadêmico é a base mais geral e que serve para praticamente todas as áreas, integrando várias fontes na pesquisa em um só lugar, incluindo artigos *open acess* de revistas não indexadas nas bases de dados principais.

Entre outras bases importantes é possível destacar: o PubMed, o Embase, e a The Cochrane Library na área da saúde. A Biblioteca Virtual de Saúde (BVS) também permite a busca em várias bases, como no LILACS (Literatura científica e técnica da América Latina e Caribe). Algumas das principais bases estão descritas no Apêndice D. Não há interesse em se estender em todas as bases, dependendo da área é necessário averiguar outras bases que podem ser fontes de dados importantes. Nem todas as bases de dados eletrônicas são de livre acesso, e algumas são pagas. E as que são gratuitas, normalmente, não garantem o acesso aos artigos científicos em forma de texto completo. Normalmente, é disponibilizada apenas a citação completa e o resumo do trabalho. A base de dados TRIP (*Turning Research into Practice*) é outra que traz resultados agrupados por categorias, como: revisões, artigos, informações para pacientes, capítulos de livros, entre outros.

Teses e dissertações, normalmente, não estão indexadas nas grandes bases de dados bibliográficas, e bancos especializados nesses documentos são importantes fontes de dados. Algumas universidades coordenam e disponibilizam alguns bancos, como a Universidade de São Paulo, o Portal da CAPES (Coordenação de Aperfeiçoamento de Pessoal de Nível Superior), disponibilizado pelo Ministério da Educação no Brasil. Além disso, há algumas bases internacionais de teses e dissertações, como o *ProQuest Dissertations* e a *Theses Database*.

Há ainda muitos estudos finalizados e não publicados, especialmente, por apresentarem resultados não significativos ou negativos, e são difíceis de serem recuperados. Existem bases de estudos em andamento, como o *Clinical Trials* (www.clinicaltrials.gov), nas quais é possível visualizar o status do trabalho como "não iniciado", "em andamento" ou "finalizado". Resumos em anais de congressos (chamados de literatura cinza) também podem permitir recuperar estudos ainda não publicados. Eles podem ser recuperados na própria base de dados do congresso, se disponível, ou em bases de dados que contém literatura cinza, como: o *ISI of Knowledge* e o *British Library Inside*. O próprio contato com pesquisadores, especialistas, autores, indústrias ou empresas da área pode permitir recuperar estudos não publicados.

Outro método de recuperar documentos é pela busca manual, uma vez que nem todos os estudos de interesse podem ter sido recuperados pela estratégia de busca. Essa pode ser conduzida pela análise da lista de "Referências Bibliográficas" de estudos incluídos, ou mesmo em estudos de revisão da área.

Capítulo 25
Busca em bases de informação científica

A elaboração da estratégia de busca é um elemento-chave para a procura nas bases de dados. A maioria das bases permite tanto a busca por palavras no título ou no resumo, com o uso de termos de indexação padronizados ou vocabulário controlado. É essencial definir os termos apropriados para a estratégia de busca. A principal finalidade da estratégia é garantir a recuperação do máximo de informação relevante disponível.

A sensibilidade é definida como o número de estudos relevantes identificados, divididos pelo número total de estudos relevantes. Já a precisão é o número de estudos relevantes identificados, dividido pelo número total de estudos identificados. Embora o aumento da abrangência (ou sensibilidade) de uma busca possa reduzir sua precisão, essa poderá recuperar mais artigos não pertinentes, sendo melhor priorizar a sensibilidade que a precisão para não perder estudos relevantes, e analisar os documentos pelo título e o resumo identificando os de potencial interesse. O desenvolvimento da estratégia de busca é um processo contínuo, no qual os termos utilizados devem ser otimizados até que a sensibilidade e a especificidade sejam maximizadas.

Para as principais bases de dados, *Pubmed*, *Embase* e *The Cochrane Library*, a construção da estratégia de busca pode ser feita considerando termos, que caracterizem a questão de pesquisa. Para análises na área da saúde ou recuperação de estudos focados em avaliação de materiais ou produtos é possível utilizar termos relacionados ao PICO: População,

Intervenção, Controle e Desfecho (do inglês "outcomes"). Esses são os termos indicados também para a realização de revisões sistemáticas (um tipo de estudo no qual se recuperam documentos de interesse para agrupar a evidência disponível relacionada a uma determinada intervenção). A própria Cochrane apresenta um livro[36], no qual fornece as recomendações de como realizar cada etapa da revisão, incluindo especificações quanto à estratégia de busca. Usualmente são utilizados termos relacionados aos três primeiros itens, para não atribuir uma grande especificidade inicialmente não desejada.

1. **População:** que caracteriza a situação de interesse.

2. **Intervenção:** que caracteriza o material, o produto, a tecnologia que está sendo avaliada.

3. **Controle:** que caracteriza o produto utilizado para comparação, pode ser o utilizado como padrão-ouro.

Na Tabela III.1 está exemplificada uma estratégia de busca delineada segundo esses princípios, de um estudo que visava analisar os métodos e tecnologias de ensino de anatomia dental para estudantes. Lembrando que os termos de busca devem ser otimizados e a estratégia ajustada até que a especificidade e precisão sejam maximizadas. É interessante utilizar estudos chaves que já se sabe que têm relação com o setor de pesquisa e verificar se a estratégia utilizada está permitindo recuperar esses documentos. Caso não esteja, é importante revisar e otimizar a estratégia.

Contudo, para estudos de desenvolvimento, muitas vezes, a estratégia utilizando o PICO pode não ser a mais adequada, e vai variar de análise para análise. Geralmente, tenta-se enquadrar qualquer pesquisa no PICO, que facilita na montagem da estratégia. Caso não seja possível, o que ocorre na grande maioria dos setores tecnológicos é relevante cruzar termos relacionados a dois elementos chaves:

1. **Tecnologia:** caracterizado pelo material, produto, tecnologia de interesse da pesquisa, como exemplificado na Tabela III.2 com termos específicos relacionados aos materiais de interesse.

2. **Setor de interesse:** caracterizado pela área na qual a tecnologia se refere, como exemplificado na Tabela III.2, com termos específicos relacionados ao setor da busca do ramo odontológico.

Tabela III.1 - Exemplo de estratégia de busca referente aos métodos de ensino de anatomia dental (Adaptado de Azevedo et al., 2015).[37]

Busca	Termos da busca
#4	#1 AND #2 AND #3
#3	Teaching Materials OR Material, Teaching OR Materials, Teaching OR Teaching Material OR Models, Educational OR Educational Models OR Educational Model OR Model, Educational OR Method, Educational OR Educational Method OR Educational Methods OR Methods, Educational OR Problem-Based Learning OR Learning, Problem-Based OR Problem Based Learning OR Experiential Learning OR Learn- ing, Experiential OR Educational Personnel OR Training Techniques OR Technique, Training OR Techniques, Training OR Training Technique OR Training Technics OR Technic, Training OR Technics, Training OR Training Technic OR Techniques, Educational OR Educational Tech- nique OR Technique, Educational OR Educational Techniques OR Technics, Educational OR Educational Technics OR Educational Technic OR Technic, Educational OR Training Activities OR Activities, Training OR Training Activity OR Training of Trainers OR Trainers Training OR Academic Training OR Training, Academic
#2	Dental anatomy OR anatomy, dental OR carving technique OR technique, carving OR dental carving OR carving, dental OR dental morphology OR morphology, dental OR dental sculpture OR sculpture, dental
#1	Students, Dental OR Student, Dental OR Dental Student OR Dental Students OR Faculty, Dental OR Faculties, Dental OR Dental Faculties OR Dental Faculty OR Education, Predental OR Predental Education OR Educations, Predental OR Predental Educations OR Dentistry OR School Dentistry

Tabela III.2 - Exemplo de estratégia de busca referente aos materiais odontológicos (Adaptado de Da Rosa et al., 2016).[38]

Busca	Termos da busca
#3	#1 AND #2
#2	(Dentistry) OR (Dental Research) OR (Evidence-Based Dentistry) OR (Oral Medicine) OR (School Dentistry) OR (Specialties, Dental) OR (Operative dentistry) OR (dentística operatória) OR (dentística) OR (Operatoria Dental) OR (Forensic Dentistry) OR (odontologia forense) OR (odontologia legal) OR (Pediatric Dentistry) OR (odontopediatria) OR (Dental Care for Children) OR (Dentistry for Children) OR (Children, Dentistry for) OR (Dentistry, Pediatric) OR (Endodontics) OR (endodontia) OR (Endodoncia) OR (Pathology, Oral) OR (dental, pathology) OR (Stomatology) OR (Medicine, Oral) OR (patologia bucal) OR (Patología Bucal) OR (patologia oral) OR (Periodontics) OR (Periodontia) OR (Periodoncia) OR (dental prosthesis) OR (Dentures) OR (Denture) OR (Prótese Total) OR (Dentadura Completa) OR (Denture, Complete) OR (Prótese Dentária) OR (Prótesis Dental) OR (Prótese Parcial) OR (Surgery, oral) OR (Maxillofacial Surgery) OR (Surgery, Maxillofacial) OR (Procedures,

	Oral Surgical) OR (Tooth Extraction) OR (Tooth Extractions) OR (Cirurgia Bucal) OR (Cirugía Bucal) OR (Surgery, Oral) OR (Extração Dentária) OR (Extracción Dental) OR (Public Health Dentistry) OR (Saúde Bucal) OR (Salud Bucal) OR (Odontologia em Saúde Pública) OR (Odontología en Salud Pública) OR (Saúde bucal coletiva) OR (Community Dentistry) OR (Odontologia Comunitária) OR (Odontología Comunitaria) OR (Geriatric Dentistry) OR (odontogeriatria) OR (Dental Care for Aged) OR (Dentistry for Aged) OR (Dental implants) OR (Dental Implant) OR (Implantodontia) OR (Implantes dentários) OR (Implantes dentais) OR (Implantes Dentales) OR (Implantação Dentária) OR (Implantación Dental) OR (Dental Implantatio) OR (Radiography, Dental) OR (Radiologia dental) OR (Radiologia dentária) OR (Radiogra a dentária) OR (Radiografía dental) OR (Tomogra a Computadorizada de Feixe Cônico) OR (Tomografía Computarizada de Haz Cónico) OR (Cone-Beam Computed Tomography) OR (Orthodontics) OR (Ortodontia) OR (Ortodoncia)
#1	Search (dental materials) OR (materiais dentários) OR (Materiales Dentales) OR (Dental Alloys) OR (Alloy, Dental) OR (Alloys, Dental) OR (Dental Amalgam) OR (Ligas dentárias) OR (Ligas odontológicas) OR (Dental Casting Investment) OR (Material para fundição odontológica) OR (Dental Cements) OR (Compomers) OR (Dentin-Bonding Agents) OR (Resin Cements) OR (Zinc Oxide-Eugenol Cement) OR (Zinc Oxide Eugenol Cement) OR (glass ionomer cement) OR (cimentos odontológicos) OR (cimentos dentários) OR (Cementos Dentales) OR (Cimentos de Ionômeros de Vidro) OR (Cementos de Ionómero Vitreo) OR (Cimento de Silicato) OR (Cemento de Silicato) OR (Cimento de Óxido de Zinco e Eugenol) OR (Cemento de Óxido de Zinc-Eugenol) OR (Cimento de Fosfato de Zinco) OR (Cemento de Fosfato de Zinc) OR (Cimentos de Resina) OR (Cementos de Resina) OR (Dental implants) OR (Implants, Dental) OR (Dental Implant) OR (Implant, Dental) OR (Implantes dentários) OR (Implantes dentais) OR (Implantes Dentales) OR (Dental Impression Materials) OR (materiais de impressão odontológico) OR (materiais de impressão dentário) OR (Dental Porcelain) OR (Cerâmicas odontológicas) OR (Cerâmica) OR (Cerámica) OR (Porcelana Dentária) OR (Porcelana Dental) OR (Composite resins) OR (Compomers) OR (Resinas compostas) OR (Resinas compuestas) OR (Dentin-Bonding Agents) OR (Dentin Bonding Agents) OR (Sistemas Adesivos) OR (Adesivos dentários) OR (Adesivos odontológicos) OR (Adesivos Dentinários) OR (Recubrimientos Dentinarios) OR (Pit and Fissure Sealants) OR (Pit Fissure Sealants) OR (Selantes de Fossas e Fissuras) OR (Selladores de Fosas y Fisuras) OR (Pulp Capping and Pulpectomy Agents) OR (Pulp Capping Agents) OR (Capeadores pulpares) OR (Root Canal Filling Materials) OR (Root Canal Sealants) OR (materiais restauradores do canal radicular) OR (Materiales de Obturación del Conducto Radicular)

Enquanto na Tabela III.3 está exemplificada uma estratégia de busca utilizada em um estudo, que tinha a finalidade de recuperar documentos, envolvendo adesivos (o setor de interesse), contendo monômeros com propriedades antibacterianas (a tecnologia). Note que se divide a tecnologia em termos relacionados a "monômeros" e "antibacterianos" para que a sensibilidade e a especificidade dos resultados fossem maiores.

Note que algumas bases de dados apresentam também especificidades quanto à apresentação dos termos da busca, que podem estar entre parênteses, entre aspas, ou mesmo sem divisões entre os operadores booleanos. Os operadores booleanos também são importantes na elaboração da estratégia, como: o *"AND"*, *"OR"* e *"NOT"*. Esses irão fazer o cruzamento dos termos de busca.

Tabela III.3 - Exemplo de estratégia de busca referente aos adesivos, contendo monômeros antibacterianos (Adaptado de Cocco et al., 2015).[39]

Busca	Termos da busca
#4	#1 AND #2 AND #3
#3	Monomers OR monomers
#2	Anti-Infective Agents OR Agents, Anti-Infective OR Anti Infective Agents OR Antiinfective Agents OR Agents, Antiinfective OR Microbicides OR Antimicrobial Agents OR Agents, Antimicrobial OR Anti-Microbial Agents OR Agents, Anti-Microbial OR Anti Microbial Agents OR anti-Bacterial Agents OR Agents, Anti-Bacterial OR Anti Bacterial Agents OR Antibacterial Agents OR Biofilm OR Bacterial Adhesion OR Dental Deposits or Adhesion, Bacterial OR Antibacterial activity
#1	Dental Bonding OR Bonding, Dental OR Dental Bonding, Chemically-Cured OR Chemically-Cured Dental Bonding OR Dental Bonding, Chemically Cured OR Dental Bonding, Self-Cured OR Dental Bonding, Self Cured OR Self-Cured Dental Bonding OR Chemical-Curing of Dental Adhesives OR Chemical Curing of Dental Adhesives OR Dental Bonding, Dual-Cure OR Dentin-Bonding Agents OR dental primer OR Dental Materials OR Materials, Dental OR Dental Material OR Material, Dental or dental resin or Dental Resins OR Resin, Dental OR Resins, Dental OR bonding interface OR adhesive

Para identificar os termos de busca, sempre que possível se deve utilizar vocabulário controlado, que é o descritor de assunto utilizado para indexar os artigos nas bases de dados. Esse é um termo específico e representa o principal assunto da pesquisa, na qual o estudo foi indexado, podendo variar de base para base. Para o PubMed e o The Cochrane Library, este vocabulário se chama MeSH (Medical Subject Headings), para o EMBASE, chama-se Emtree; e para a LILACS, chama-se DECs (descritores em ciências da saúde). Ao escolher a base de dados de pesquisa se deve verificar quais termos são utilizados para indexar os estudos, a fim de otimizar a estratégia de busca.

Entretanto, a estratégia não deve ficar restrita apenas aos descritores de cada base de dados, devendo ser o mais sensível possível e englobar o vocabulário não controlado. Para isso, é necessário acrescentar outras palavras de texto não indexadas, sinônimos, siglas, termos similares, palavras-chave, e até mesmo variações de grafia. Com isso será possível recuperar estudos mais antigos, que não foram indexados com a classificação atual.

O processo de busca nas bases de dados também vai envolver os quatro passos principais que estão descritos no Capítulo 19:

1. Identificar o site de busca;
2. Encontrar o campo de busca;
3. Definir a estratégia de busca;
4. Realizar a busca.

Capítulo 26
Triagem da informação científica

Após otimizar a estratégia de busca e realizar a busca propriamente dita, será preciso triar os documentos potencialmente relevantes. Inicialmente, é aconselhado triar apenas pelo título e resumo, similar a como é conduzido em revisões sistemáticas. Caso haja dúvida, o estudo deve ser incluído para uma análise do texto completo. A realização desse processo, independentemente, por duas pessoas aumenta a possibilidade de inclusão de apenas artigos relevantes, e diminui as chances de exclusão de documentos, que deveriam ser incluídos. Em seguida, os estudos em que houve dúvida devem ser incluídos e verificados por completo ou em caso de divergência quanto à inclusão do estudo, como em uma revisão sistemática, um terceiro revisor deve ser consultado.

Assim como os dados e informações tecnológicas, um grupo pode auxiliar esse processo. Em alguns estudos que foram realizados com uma grande quantidade de documentos, houve o suporte de colaboradores para auxiliar nessa etapa. Posteriormente, foi feita a revisão de todos os dados para verificar quaisquer erros de tabulação. É normal haver erros durante o processo, alguns indicam até mesmo a tabulação em duplicata para aumentar a confiabilidade e a análise de concordância *Kappa*.

Geralmente, deverá ser recuperada das bases uma grande quantidade de documentos, que pode ser superior a mil (o estudo mais completo de todo o setor odontológico chegou a mais de 100 mil documentos!).[38] Para facilitar o processo de triagem, um gerenciador de referências pode auxiliar no processo, uma vez que esse apresenta inúmeras funções, permitindo adicionar os resultados de todas as bases eletrônicas pesquisadas em um único arquivo e remover duplicatas, por exemplo, bem como adicionar referências manualmente. Permite, ainda, organizar os estudos de forma prática, classificando-os por ordem alfabética de autores, título, revistas, entre outros. Essas ferramentas são valiosas ao se lidar com muitos dados e documentos, e aceleram enormemente o processo.

Alguns softwares são pagos, como o EndNote (Thompson Reuters, Filadélfia, Pensilvânia, Estados Unidos). Outros são gratuitos, como o Mendeley (Elsevier, Amsterdã, Países Baixos). Após todo o processo de seleção de documentos por título e resumo e a tabulação de dados relevantes, deverá ser feita a análise simultânea das informações científicas e tecnológicas. A Parte III irá demonstrar como conduzir essa análise.

Pontos principais

- Embora o Google facilite a busca de documentos, é fundamental conhecer bases de dados para obter um panorama mais completo do desenvolvimento científico no setor de interesse.
- A maneira mais fácil de identificar um conjunto de informações científicas relevantes é conhecer as bases de dados, que agrupam as informações do setor tecnológico pesquisado.
- Uma fonte rica de informações científicas é a de artigos científicos, pois esses permitem identificar a evolução de pesquisas no setor, as principais universidades e centros de pesquisa que atuam na área, dados relacionados quanto à intervenção, aos testes realizados, aos materiais ou tecnologias avaliadas. Também é possível avaliar quais materiais são considerados como padrão-ouro, suas vantagens e limitações.
- Os estudos de revisão e as informações disponíveis em livros podem dar uma ideia geral do setor estudado, sendo aconselhado que sejam os primeiros a serem recuperados, lidos e estudados.
- A elaboração da estratégia de busca é um elemento-chave para busca nas bases de dados científicas. A principal finalidade da estratégia é garantir a recuperação do máximo de informação relevante disponível.
- A maioria das bases permite tanto a busca por palavras no título ou no resumo, com o uso de termos de indexação padronizados ou vocabulário controlado.
- O desenvolvimento da estratégia de busca é um processo contínuo em que os termos utilizados devem ser otimizados até que a sensibilidade e a especificidade sejam maximizadas.

- Podem ser cruzados termos relacionados aos dois elementos chaves: a tecnologia pesquisada e ao setor de interesse. Operadores booleanos (AND e OR) também devem ser utilizados.
- Após otimizar a estratégia de busca e realizar a busca será preciso triar os documentos potencialmente relevantes. Inicialmente, é aconselhado triar apenas pelo título e resumo para, posteriormente, ser feita uma análise mais rigorosa do documento completo. É aconselhado que este processo seja feito, independentemente, por duas pessoas, aumentando a possibilidade de inclusão de apenas artigos relevantes.

Parte IV
Monitoramento
Científico-Tecnológico

"Um raciocínio lógico leva você de A a B, a imaginação leva a qualquer lugar".

Albert Einstein

SINAIS – ALÉM DA CRIATIVIDADE

Capítulo 27
Elemento-chave

Os dados científicos e tecnológicos servem para identificar os "sinais" que mostram o caminho de desenvolvimento do setor de interesse. Com esses, é possível visualizar o grau de desenvolvimento científico e tecnológico. A comparação desses "sinais" também permite perceber que nem sempre a informação científica pode ter caminhado lado a lado com a tecnológica. Na Figura IV.1 se mostram alguns dados de um monitoramento que foi realizado com um produto para o setor da saúde. Nota-se que há países com uma forte produção científica da referida tecnologia, mas que não estão entre os que mais patenteiam no setor.

Olhar para uma quantidade imensa de dados e saber interpretá-los se apresentam como elemento-chave para a Teoria dos Sinais da Inovação. Ligar esses "sinais" não é tarefa fácil, e exige pesquisa, foco e determinação, com pitadas de criatividade. E embora as ferramentas disponíveis facilitem o processo de recuperação e análises desses documentos, é o pesquisador que vai analisar e exercer o difícil exercício de encontrar as lacunas, que permitem inovar naquele setor.

Apesar de muitos criticarem a dificuldade de realizar análises com uma ampla gama de dados e a dificuldade de obter os dados para realizar esses estudos, como qualquer aprendizado, o treinamento melhora, consideravelmente, a prática. Os métodos que serão apresentados nos próximos capítulos foram simplificados para facilitar as análises. Além disso, nem sempre será possível realizar análises complexas incluindo o máximo de informação científica e tecnológica disponível. Muitas vezes, por prazos ou por pouco tempo disponível para esse tipo de abordagem, pode ser necessário fazer buscas e análises mais focadas em resolver um problema específico por exemplo. Embora o mais indicado seja tentar incluir o máximo de informação, as análises podem ser em bases específicas, com foco maior na questão de interesse. Não importa a finalidade, essas análises podem facilitar o processo criativo, seja quando utilizado em sua totalidade ou quando aplicado apenas parcialmente.

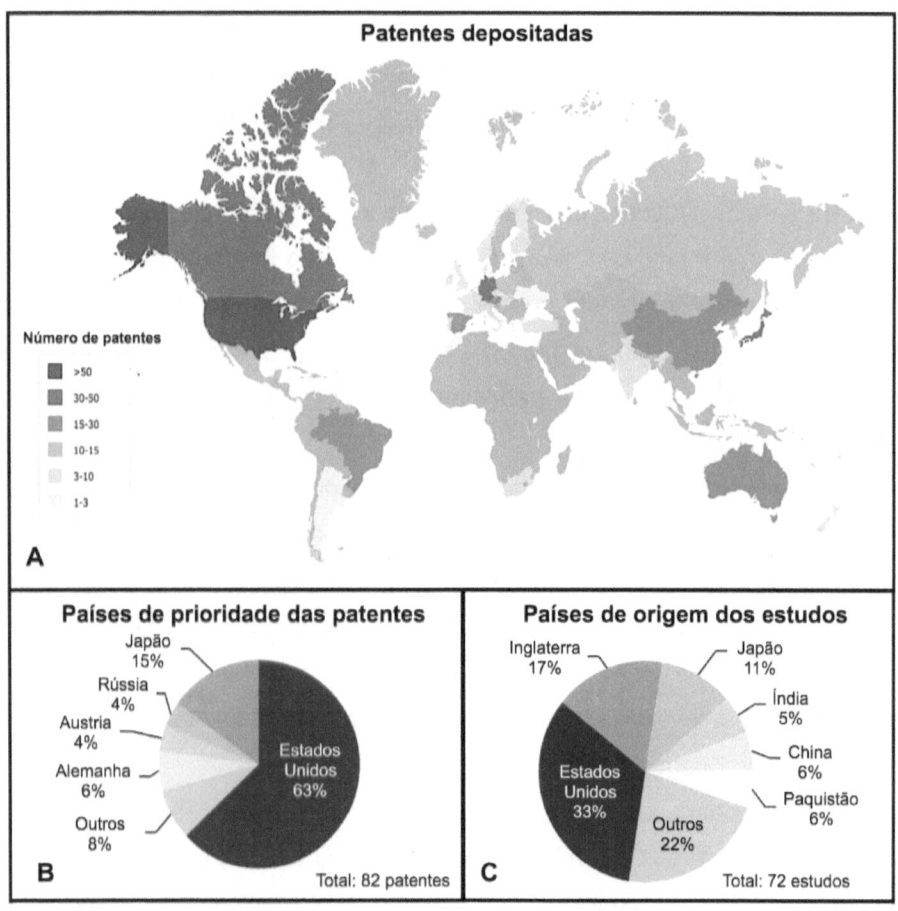

Figura IV.1 Exemplos de dados científicos e tecnológicos de um produto do setor da saúde. Nem todos os países que mais produzem artigos no setor são os que mais patenteiam.

Capítulo 28
Monitoramento científico-tecnológico

A partir dos dados obtidos é o momento de realizar o monitoramento científico-tecnológico. Com os dados de escolha tabulados, em um software de planilhas, como Microsoft Excel, qualquer um pode analisá-los como preferir, identificando padrões e uma série de informações que pode fornecer os "sinais" para inovar naquele setor. Qualquer inovação irá exigir reflexão e a livre expressão das ideias. No momento da análise isso também é importante. Uma das ferramentas que podem facilitar e agilizar a análise é a utilização de filtros no software. Para isso, os dados devem seguir um padrão de tabulação (descritos e classificados com os mesmos termos, por exemplo).

Geralmente são realizadas estatísticas descritivas analisando a frequência de dados que permitem identificar o grau de desenvolvimento da área analisada. Contudo, outras análises estatísticas que analisem associações e correlações, mesmo não sendo usuais, podem auxiliar na análise dos dados, dependendo do setor. Na Figura IV.2 está representado um exemplo de tabulação de dados gerais de informação tecnológica, e na Figura IV.3 de informação científica.

Algumas bases de patentes, como o Derwent Innovations e o PatentScope, ou mesmo o sistema on-line ORBIT, permitem a realização de análises de uma ampla quantidade de dados, como exemplificado na Figura IV.4. Apesar de não fornecerem o panorama global de desenvolvimento científico-tecnológico, eles dão uma boa ideia da produção tecnológica e agilizam a realização do monitoramento tecnológico. São bastante indicadas para análises iniciais, ou mesmo aquelas focadas em alguma questão específica de interesse, como a resolução de algum problema técnico.

Inventores	Patente (#)	Sobre a Patente — Título	CIP	Depositante
WOO, KYUNG MI; LEE WOO CHEOL	KR20130113724	COMPOSITION CONTAINING SYNTHETIC POLYMER NANOFIBER MESH AND MINERAL TRIOXIDE AGGREGATE FOR TREATING DENTAL PULP	A61K-009/70;A61K-031/16;A61K-047/30;A61P-001/02	University
WOO, KYUNG MI ; LEE, WOO CHEOL	KR2013010139 201309/13 ; KR20140121179 20140912	PHARMACEUTICAL COMPOSITION FOR DENTAL PULP REGENERATIVE THERAPY AND APEXIFICATION THERAPY, COMPRISING PROLYL HYDROXYLASE INHIBITOR OR HISTONE DEACETYLASE INHIBITOR, AND ANTIBIOTICS, AND SYNTHETIC POLYMER NANOFIBER MESH COMPRISING COMPOSITION	A61K31/16; A61K31/44; A61P1/02; A61P19/00	University
ARANY PRAVEEN RAVINDRA, MOONEY DAVID J	WO2012122081	DENTAL TREATMENT SYSTEMS AND USES THEREOF	A61B-018/20; A61C-019/06;A61N-005/067	University
MURAKAMI SHINYA, SHIMABUKURO YOSHIO	WO2007746540	THERAPEUTIC AGENT FOR DENTINE-DENTAL PULP COMPLEX REGENERATION	A61K-038/18; A61K-038/22; A61K-038/27; A61K-047/38; A61K-047/42;A61L-027/00 A61P-001/02 C07K-014/50	University
FUJII AKIRA, MATSUMOTO HIROKO	JP2002363084	PROMOTOR FOR FORMING SECOND DENTINE	A61K-035/14;A61P-001/02	University
MINOZZI ROMUALDO	IT92RM0633	Preparation of a combination of calciumhydroxide powder and ultramicronisedsynthetic hydroxyapatite (particle size: 0.22-1.12 microns, range 60%) in a flame-sealed yellow glass bottle for intermediate canal medication and dental pulpprotection	A61C;	Personal
CHEN XIAOFENG; LIANG QIMING; HU QING; LI YULI; LI	CN104644455	A biological glass-sodium alginate composite biomaterials and a reagent kit and application	A61K-006/02; A61K-006/097; A61L-027/10; A61L-027/20	University
KLEE JOACHIM; RETZMANN NILS; SZILLAT FLORIAN; RITTER HELMUT	EP2813497	Dental composition	A61K-006/087;C07D-317/36 C07D-405/12	Company
KIM KWANG MAHN; JIN KANG SIK	KR101432973	PULPCAPPING MATERIAL COMPOSITION COMPRISING -GLYCEROPHOSPHATE	A61K-006/027; A61K-006/08;	University
ZHANG YAQING; QU TIEJUN; CHAI XUE; WANG LEI; HE WENXI	CN103767881	Dental pulpcapping preparation and preparation method thereof	A61K-006/02; A61K-006/087;	University
MELEK AKMAN; ILHAMI CELIK; ERCAN DURMUS	WO201421797	A cement material for renewal of damaged dental tissues	A61K-006/00; A61K-006/06;	University

Figura IV.2 - Exemplo de tabulação de dados referentes a patentes em um software de planilhas.

Autor	Título	Tipo de Estudo	Ano	País
Accorinte Mde, L.	Evaluation of mineral trioxide aggregate and calcium hydroxide cement as pulp-capping agents in human teeth	Clinical trial	2008	Brazil
Accorinte, Maria de Lourdes Rodrigues	Biocompatibility evaluation of direct capped human pulp with calcium hydroxide, hemostatic agents and components of an adhesive system	Clinical trial	2000	Brazil
Accorinte, M. L.	Evaluation of two mineral trioxide aggregate compounds as pulp-capping agents in human teeth	Clinical trial	2009	Brazil
Accorinte, M. L.	Response of human dental pulp capped with MTA and calcium hydroxide powder	Clinical trial	2008	Brazil
Accorinte, M. L.	Response of human pulps capped with different self-etch adhesive systems	Clinical trial	2008	Brazil
Acosta, Alejandra	Dentin formation using materials like hidroxipatita, tricalcium phosphate in direct pulp recoverings in dogs	Animal experiment	1995	Colombia
Aeinehchi, M.	Randomized controlled trial of mineral trioxide aggregate and formocresol for pulpotomy in primary molar teeth	Clinical trial	2007	Iran
Aeinehchi, M.	Mineral trioxide aggregate (MTA) and calcium hydroxide as pulp-capping agents in human teeth: a preliminary report	Clinical trial	2003	Iran
Ahangari, Z.	Effect of propolis on dentin regeneration and the potential role of dental pulp stem cell in Guinea pigs	Animal experiment	2012	Iran
Airen, P.	Comparative evaluation of formocresol and mineral trioxide aggregate in pulpotomized primary molars - 2 year follow up	Clinical trial	2012	India
Akimoto, N.	Biocompatibility of Clearfil Liner Bond 2 and Clearfil AP-X system on nonexposed and exposed primate teeth	Animal experiment	1998	United States
Al-Haj Ali, S. N.	In vitro toxicity of propolis in comparison with other primary teeth pulpotomy agents on human fibroblasts	In vitro study	2015	Saudi Arabia

Figura IV.3 - Exemplo de tabulação de dados referentes aos estudos científicos em um software de planilhas.

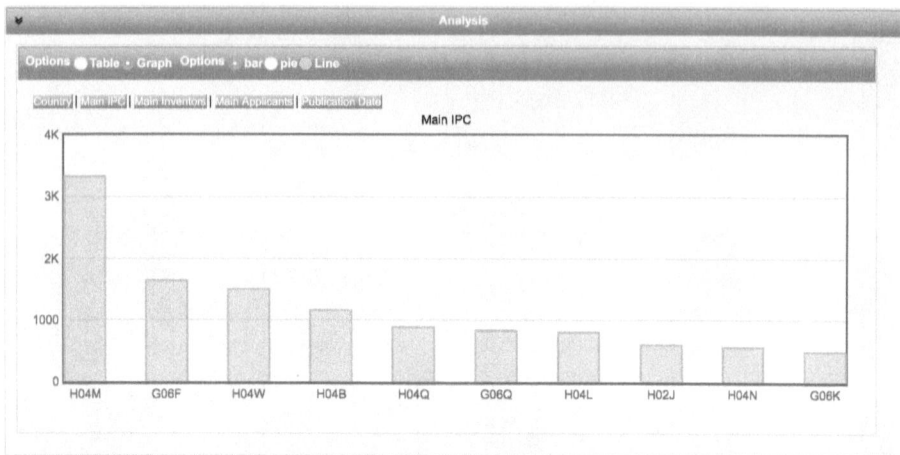

Figura IV.4 - Exemplo de análise de dados relacionados com a Classificação Internacional de Patentes no PatentScope.

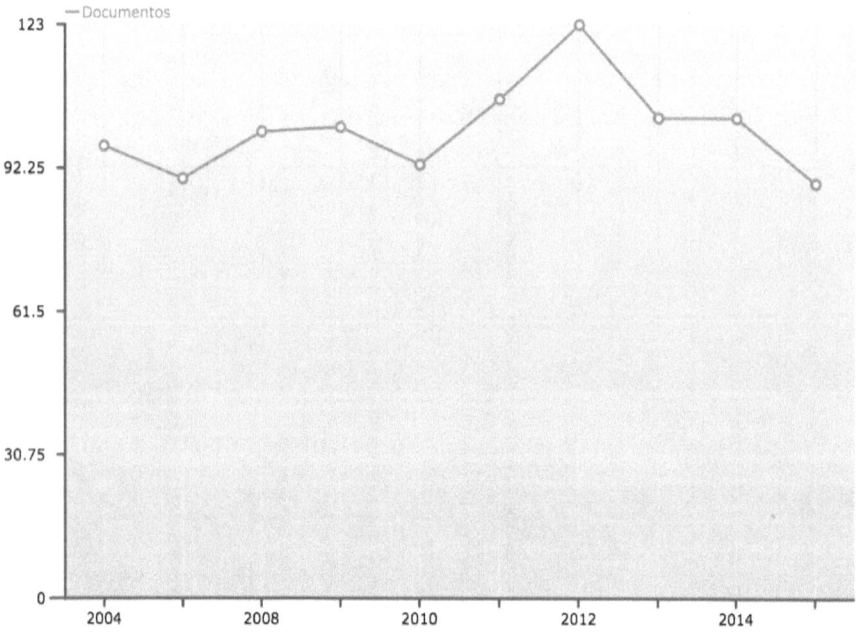

Figura IV.5 - Exemplo de análise de dados da publicação anual de estudos no BVS.

A maioria das bases de dados de artigos apresentam filtros que permitem a filtragem de documentos por categorias. Algumas bases, como o Scopus e o BVS também permitem análises simplificadas dos estudos selecionados, inclusive com a criação de gráficos com agrupamento de dados (Figura IV.5). Os gráficos facilitam a visualização de informações relevantes, especialmente, em buscas iniciais.

Capítulo 29
Identificando os sinais

Aprender a interpretar os dados, em um primeiro momento, pode parecer um exercício complexo. Com a prática fica mais fácil identificar os padrões, mas isso só é possível com treinamento e prática. Visualizar o que os "sinais" estão dizendo é um exercício de constantes erros e acertos. Para facilitar o processo são mostradas algumas das principais formas de agrupar e analisar os dados disponíveis. Existem inúmeras, e para cada setor se pode moldá-los para aquela realidade.

1. Evolução anual

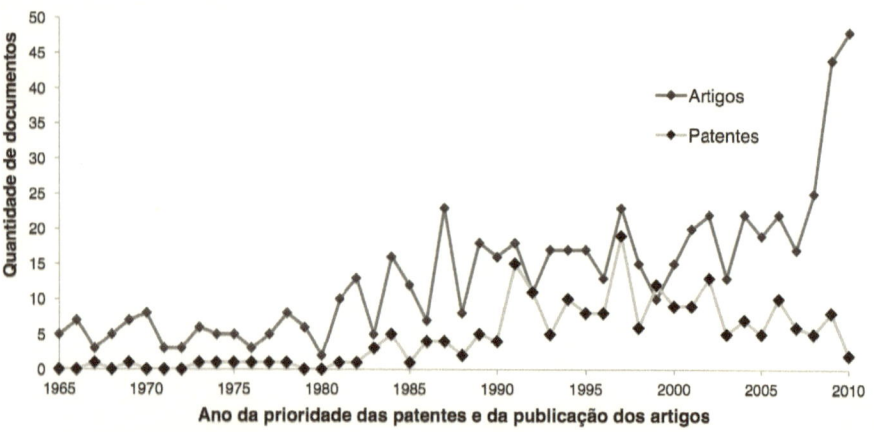

Figura IV.6 - Exemplo de evolução anual da produção científica e tecnológica de setor analisado.

O ano de publicação dos estudos, o ano de prioridade e a publicação das patentes permitem visualizar a evolução anual da tecnologia estudada

(Figura IV.6). Usualmente, há picos de desenvolvimento, que podem ajudar a indicar quando houve mais estudos ou patentes depositadas na área, ou se há um interesse crescente ou não na tecnologia.

2. Países de depósito, de prioridade e de origem

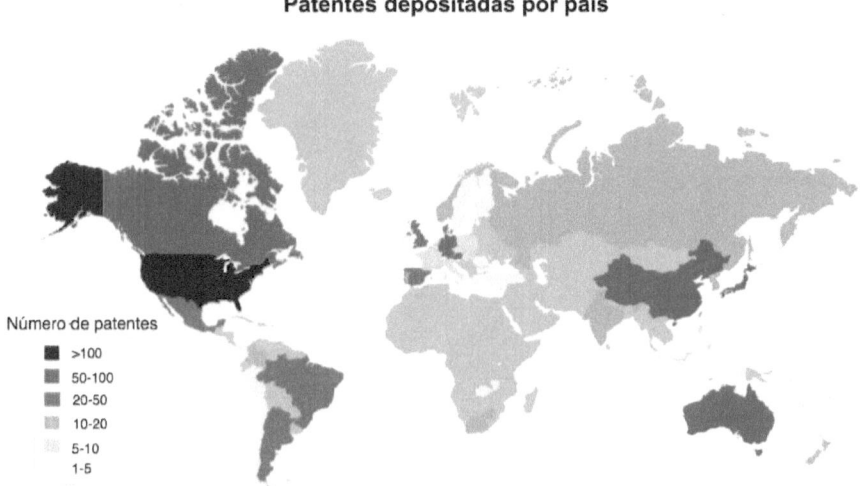

Figura IV.7 - Principais países com depósito de patentes do setor analisado.

A identificação dos países de depósito das patentes pode indicar mercados estratégicos para aquelas tecnologias (Figura IV.7). Também há uma tendência em depositar primeiro no país de origem. Essa informação é estratégica no momento de depositar patentes com produtos do setor pesquisado. Com altos custos para tradução e depósito, em muitos países, saber os principais países em que se tem depositado patentes similares pode diminuir custos focando em mercados estratégicos.

O país de prioridade das patentes é um forte indicativo dos países que têm domínio tecnológico do setor pesquisado, enquanto o país de origem dos artigos pode indicar quem tem domínio científico (Figura IV.8). A comparação desses dados, muitas vezes, mostra cenários diferentes dependendo do setor tecnológico. Muitos dos países, que mais publicam artigos referentes à tecnologia, não são os que mais patenteiam e vice-versa. Possivelmente, esses países não estejam utilizando o domínio científico que possuem como vantagem tecnológica.

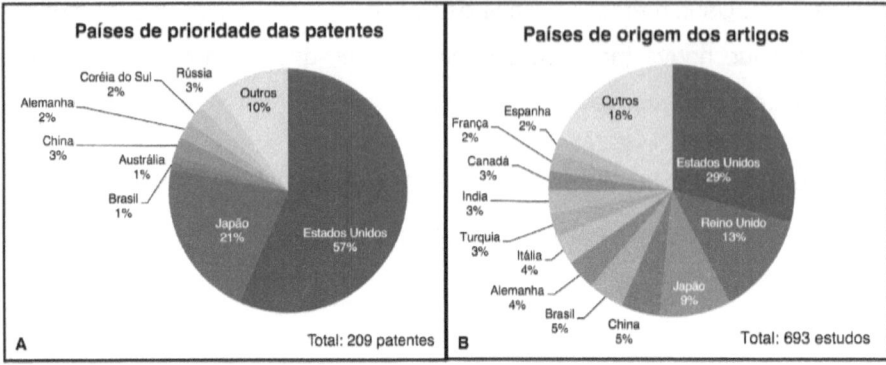

Figura IV.8 - Países de prioridade de patentes (A) e de origem dos estudos (B) do setor analisado.

3. Inventores e autores

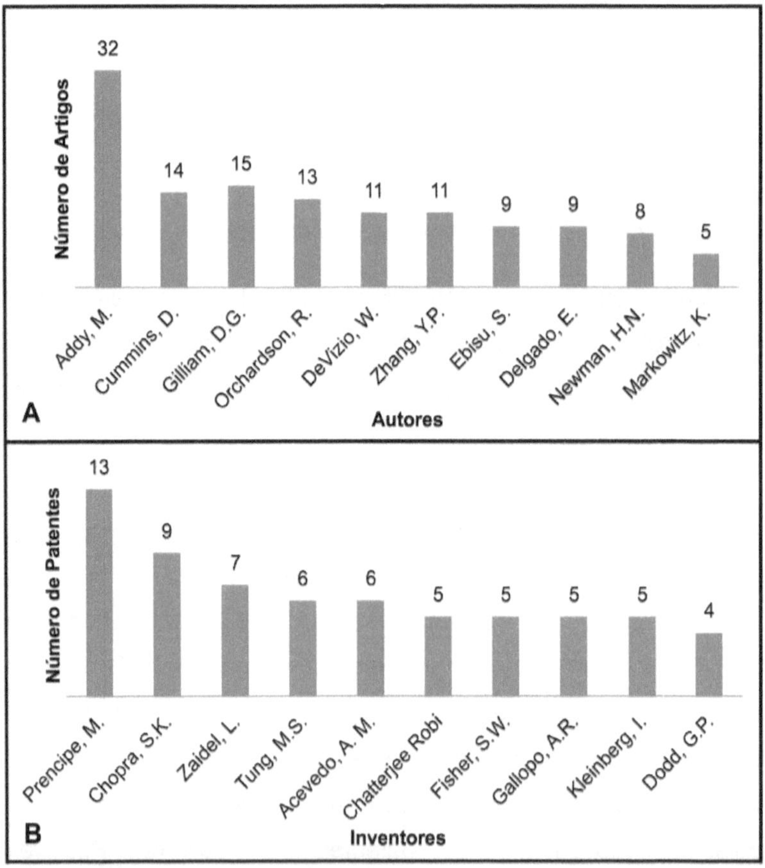

Figura IV.9 - Principais autores (A) e inventores (B) do setor de materiais dessensibilizantes.[40]

Teoricamente, era para os principais inventores das tecnologias patenteadas serem os principais autores dos artigos publicados naquela área (Figura IV.9). Teoricamente, porque na prática não é isso que acontece! Usualmente, uma tecnologia inventada pode ser avaliada em estudos por terceiros, o que faz com que os autores dos artigos sejam diferentes dos inventores. Além disso, a maior parte dos inventores pode estar localizada nas empresas, e dos autores de artigos nas universidades, o que faz com a comparação de dados mostre resultados diferentes.

De qualquer forma, analisar os inventores permite identificar inovadores no setor, o que pode ser interessante para empresas a procura de recursos humanos com expertise. Por exemplo, um inventor com histórico em materiais poliméricos para uso hospitalar poderia atuar em outro setor que envolvesse tais materiais, permitindo encontrar profissionais especializados. O mesmo valeria também para os autores. Pesquisadores com domínio científico podem ser de grande valia para empresas que necessitam de consultorias técnicas especializadas, ou outro tipo de auxílio científico.

4. Depositantes

Os depositantes podem indicar quem tem feito mais o depósito de documentos, como representado na Figura IV.10. Geralmente, envolvem inventores independentes, universidades ou centros de pesquisa, e empresas. Esses dados podem ser classificados dessa maneira, ou ainda especificando quem tem depositado mais documentos. O interesse em identificar depositantes é analisar potenciais competidores, verificar as principais empresas que comercializam a tecnologia e que poderiam ter interesse em tecnologias similares, ou simplesmente verificar quem tem o domínio do setor e poderia ser parceiro para o desenvolvimento de novos produtos.

Nem sempre os depositantes são os atuais titulares das patentes. As patentes podem ainda ter cotitularidade entre empresas e universidades. Em alguns setores, como tecnologias das ciências básicas, pode ser mais comum que a titularidade seja de universidades e centros de pesquisa que de empresas, com tecnologias ainda distantes de chegar ao mercado. Contudo, o usual é que as empresas sejam as que mais patenteiam, pois o documento de patente tem finalidade de mercado e atua como vantagem tecnológica para a indústria.

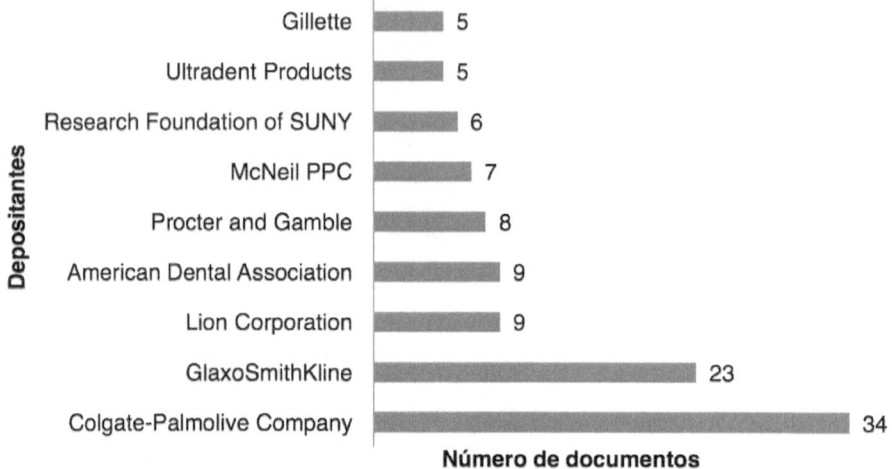

Figura IV.10 - Principais depositantes de patentes do setor analisado.[40]

5. Status

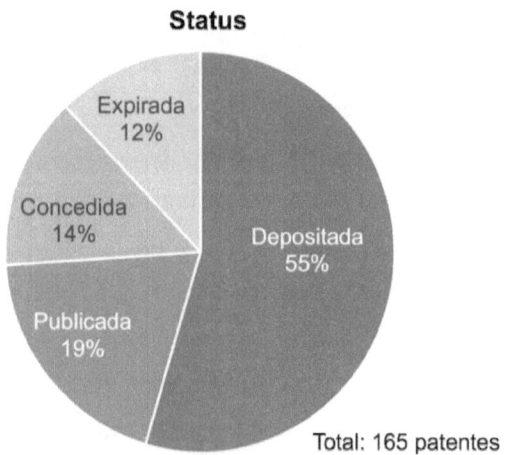

Figura IV.11 - Classificação das patentes de acordo com o status.

Algumas bases de dados, como o Espacenet, o INPI, ou o sistema on-line Questel Orbit permitem analisar o status da patente. Essas podem ser classificadas de diversas formas: patente depositada, publicada, concedida, expirada (Figura IV.11). A classificação também pode ser dicotomizada: vigente ou não-vigente. Dependendo do tipo de interesse de quem está analisando os dados, esses podem indicar diferentes informações. Se o interesse for, por exemplo, identificar patentes expiradas que ultrapassaram os vinte anos de vigência e podem ser exploradas, talvez a dicotomização seja o melhor modo de classificar. Uma patente de um monômero desenvolvido para um material odontológico teve a vigência expirada nos últimos anos.[41] Com essa informação, os demais fabricantes puderam incluir o monômero na composição de seus produtos, sem a necessidade de licenciamento e pagamento de *royalties*.

6. Classificação de documentos

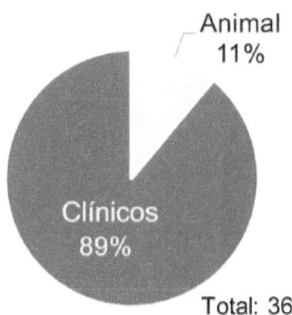

Figura IV.12 - Classificação de estudos de um material em clínicos e em animais.

Com a informação científica, a classificação em tipos de estudo também pode ser feita de diversas maneiras: estudos clínicos, estudos em animais, estudos *in vitro*, entre os outros. A Figura IV.12 representa um exemplo de classificação ou mesmo estudos focados em avaliação e focados em desenvolvimento. Todas essas classificações auxiliam no monitoramento científico, e não precisam ser feitas a priori. Na maior parte das vezes, esses padrões são identificados após os dados terem sido tabulados.

As patentes também podem ser classificadas de acordo com o tipo de documento. Pode-se dividir em patente de invenção e modelo de utilidade. Não se costuma dividir dessa maneira os resultados encontrados que não são tão relevantes quanto classificá-los, por exemplo, em patentes com e sem PCT, ou com e sem citações, ou com um ou mais depósitos. Em setores tecnológicos com um número grande de patentes depositadas, essas classificações auxiliam na análise por permitirem o agrupamento de dados de acordo com as patentes mais "relevantes", que seriam as mais depositadas, os PCTs, as mais citadas.

7. Mapeamento estratégico

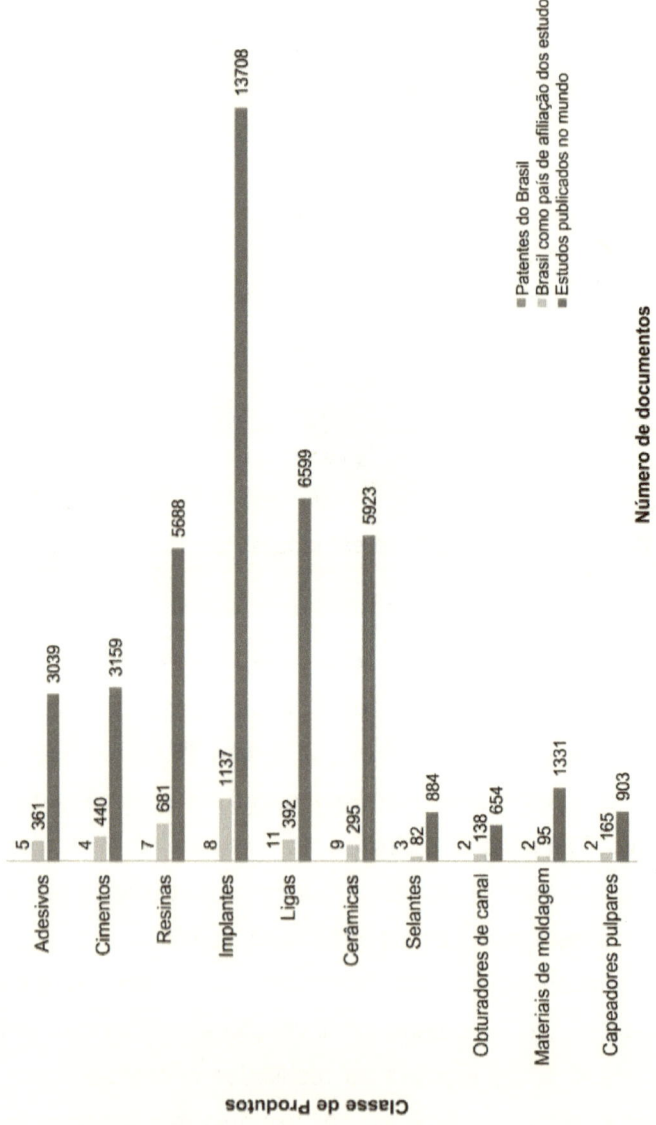

Figura IV.13 - Mapeamento de classes de produtos odontológicos por patentes e estudos (Adaptado de Da Rosa et al., 2016).[38]

O mapeamento estratégico é, possivelmente, o que mais varie de um monitoramento para outro, e pode ser o elemento-chave para identificar lacunas de desenvolvimento. As tecnologias podem ter aplicações em diferentes setores tecnológicos, ou podem ter o potencial de serem expandidas para outros setores. Também podem ser mapeadas de acordo com critérios identificados na tabulação de dados (Figura IV.13): pela forma de apresentação, pela presença ou ausência de algum componente, pelo modo de ação, entre outros.

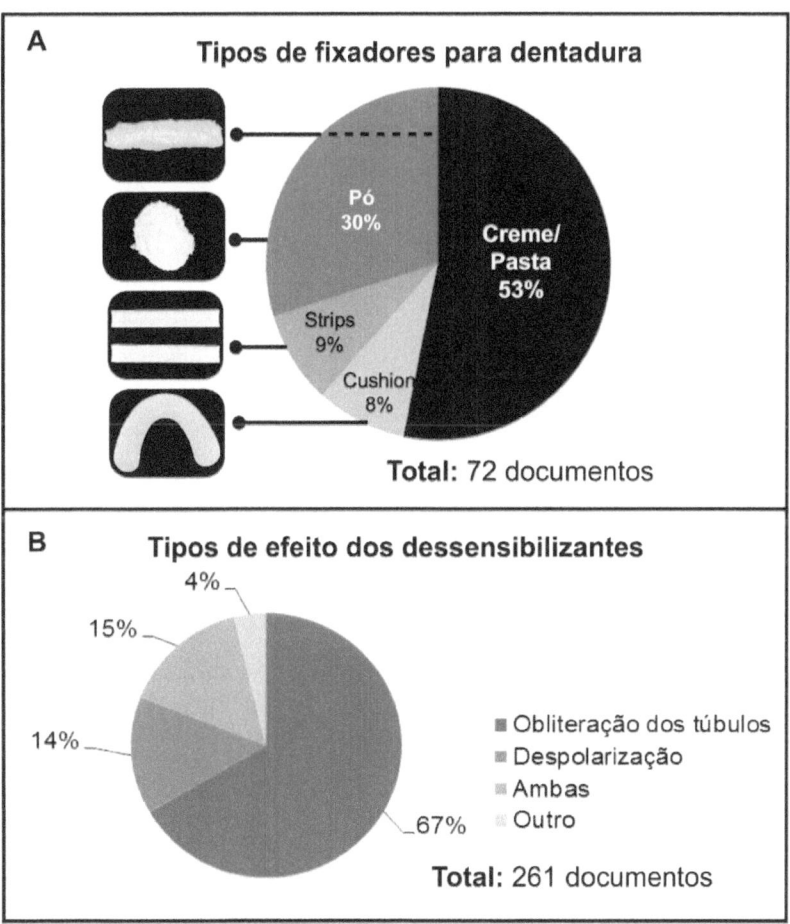

Figura IV.14 - Mapeamento de materiais para fixação de dentadura de acordo com o tipo (A) e dos dessensibilizantes de acordo com o efeito (B) (Adaptado de Da Rosa et al., 2014,[40] Da Rosa et al. 2015[42]).

Na Figura IV.14 são mapeados os setores de adesivos para dentaduras e produtos para diminuir a sensibilidade dos dentes. Note-se que a maioria tem aqueles formatos de apresentação ou aqueles tipos de efeitos. E se fosse possível encontrar outro formato melhor? Ou um efeito melhor? É isso que o mapeamento estratégico fornece, ou seja, "sinais" que podem permitir identificar novas formas de inovar naquele setor.

8. Citações

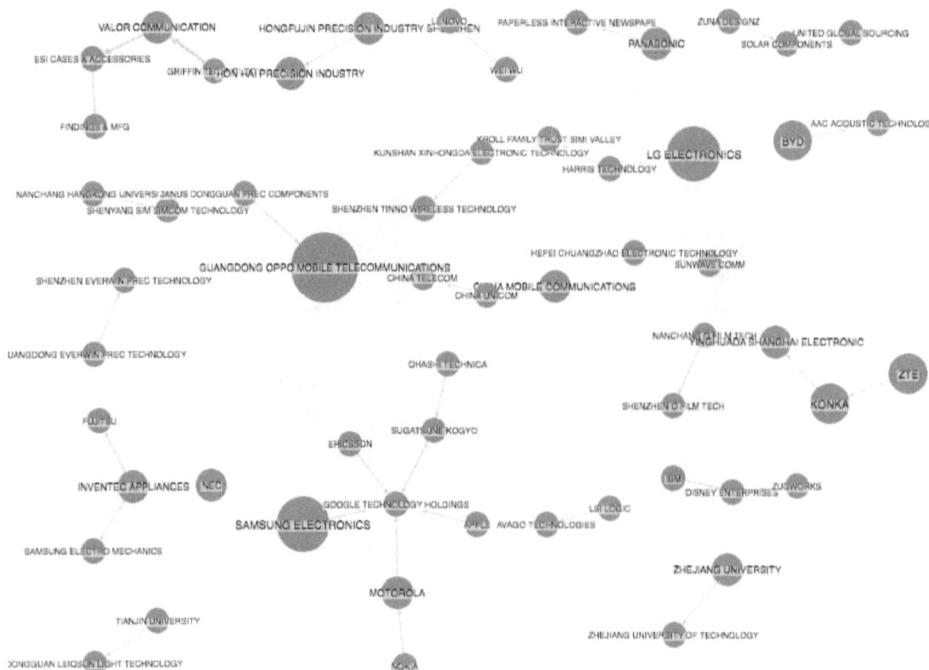

Figura IV.15 - Rede de citações para tecnologias referentes aos produtos eletrônicos (Fonte: Questel Orbit, 2017).

Os artigos e patentes podem ser classificados de acordo com as citações que receberam. Dependendo da base de dados é possível, inclusive, identificar quem está citando quem, montando redes de citações (Figura IV.15). Nas patentes, as citações no relatório descritivo ajudam a revelar de onde surgiram as inovações, reportando o que as difere das que estão citadas e descritas no estado da técnica. Geralmente, os documentos mais citados são considerados mais relevantes para aquela área, e se houver um número grande de documentos, é interessante uma análise isolada considerando apenas documentos com pelo menos uma citação, pois dará um resultado considerando apenas os dados mais relevantes recuperados.

9. Transferência de tecnologia

Patentes em que foi realizada a transferência de tecnologia também podem ser consideradas mais relevantes na análise dos dados. Esses documentos podem ser classificados em com ou sem transferência de tecnologia (Figura IV.16), ou terem uma classificação mais precisa, especificando se foi feito o licenciamento para terceiros, se está sendo comercializado pela própria empresa depositante, se não foi comercializado. Se preferir também é possível considerar na análise apenas documentos com transferência de tecnologia. Contudo, muitas inovações em documentos que não foram transferidos, e poderiam dar ideias para novas inovações, serão perdidas. No momento de analisar é importante saber identificar o que é mais relevante interpretar.

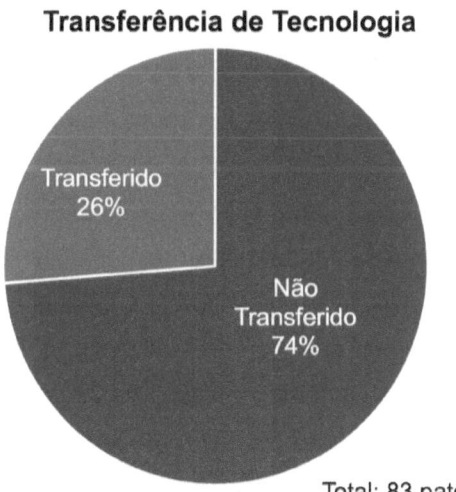

Total: 83 patentes

Figura IV.16 - Transferência de tecnologias patenteadas do setor analisado.

Capítulo 30
Interligando dados

Uma das melhores maneiras de encontrar lacunas de desenvolvimento pelos "sinais" das informações científicas e tecnológicas é pela interligação dos dados disponíveis, como representado pela Figura IV.17. Por exemplo, para entender melhor quem tem o domínio tecnológico e científico da área analisada, é importante visualizar os principais inventores e pesquisadores, os locais que mais patenteiam e publicam (universidades, centros de pesquisa, empresas). Uma análise interessante é interligar dados referentes aos tipos de documento de patentes com outras informações. Usualmente, PCT ou patentes depositadas, em mais de um país, são mais relevantes do que aquelas que possuem apenas um depósito. Olhar com cuidado essas informações auxilia a identificar padrões de desenvolvimento, que não seriam possíveis com uma análise mais simplificada. Pelos estudos publicados, também é possível analisar autores que possuem mais citações na área (Figura IV.18).

Esses dados podem ser cruzados por país de interesse, indicando dentro de um mesmo país os pesquisadores com mais expertise. Também é possível cruzar os países com as universidades que mais publicam ou patenteiam na área. Essas informações são estratégicas para empresas que necessitem de auxílio técnico ou científico. Separando a evolução anual por tipo de produtos, por exemplo, poderá ser possível identificar que tipos de tecnologias estavam com crescimento das pesquisas em determinado período de tempo (Figura IV.19). Esse é um "sinal" valioso, que pode informar o que está sendo pesquisado ou patenteado hoje, e que poderá ser tendência no futuro. Dados adicionais de mercado poderão ajudar a vislumbrar se serão tendências em curto ou longo prazo.

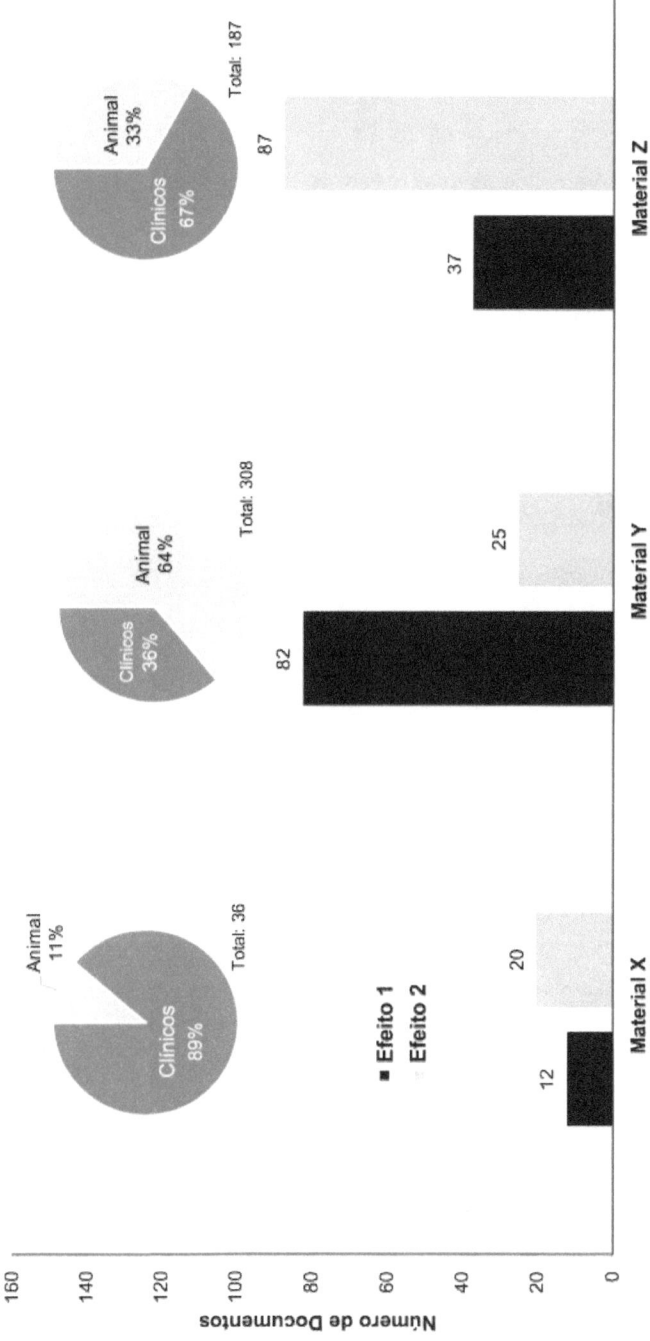

Figura IV.17 - Quantidade de documento por material estudado, efeito e tipo de estudo.

As tecnologias do ramo farmacêutico que envolvem os medicamentos, por exemplo, usualmente são patenteadas e só chegam ao mercado depois de anos de estudos científicos, que evidenciem sua eficácia e efetividade. Já nos eletrônicos, o ciclo tende a ser mais curto. Em produtos no mercado, usualmente, se observa o que já está presente e se pensa em como melhorá-lo ou torná-lo mais barato. Os dados e informações também podem ser analisados dessa maneira. Contudo, não se deve esquecer-se de tentar perceber o que está faltando, que geralmente envolve alguma necessidade que não está sendo atendida.

Autores	Título	Ano	Revista	Número de Citações	Universidade Brasileira
Sano, H., Shono, T., Sonoda, H., Takatsu, T., Ciucchi, B., Carvalho, R.M.*, Pashley, D.H.	Relationship between surface area for adhesion and tensile bond strength - Evaluation of a micro-tensile bond test	1994	Dental Materials	460	Universidade de São Paulo (USP)
Pashley, D.H., Carvalho, R.M*	Dentine permeability and dentine adhesion	1997	Journal of Dentistry	322	Universidade de São Paulo (USP)
Tay, F.R., Pashley, D.H., Suh, B.I., Carvalho, R.M.*, Itthagarun, A.	Single-step adhesives are permeable membranes	2002	Journal of Dentistry	310	Universidade de São Paulo (USP)
Pashley, D.H., Carvalho, R.M.*, Sano, H., Nakajima, M., Yoshiyama, M., Shono, Y., Fernandes, C.A., Tay, F.	The microtensile bond test: A review	1999	Journal of Adhesive Dentistry	304	Universidade de São Paulo (USP)
Shipper, G., Ørstavik, D., Teixeira, F.B.*, Trope, M.	An evaluation of microbial leakage in roots filled with a thermoplastic synthetic polymer-based root canal filling material (Resilon)	2004	Journal of Endodontics	295	Universidade Estadual de Campinas (UNICAMP)
Carvalho, R.M.*, Pereira, J.C.*, Yoshiyama, M., Pashley, D.H.	A review of polymerization contraction: The influence of stress development versus stress relief	1996	Operative Dentistry	231	Universidade de São Paulo (USP)
Araújo, M.G.*, Sukekava, F., Wennström, J.L., Lindhe, J.	Ridge alterations following implant placement in fresh extraction sockets: An experimental study in the dog	2005	Journal of Clinical Periodontology	225	Universidade Estadual de Maringá (UEM)
Goracci, C., Tavares, A.U.*, Fabianelli, A., Monticelli, F., Raffaelli, O., Cardoso, P.C.*, Tay, F., Ferrari, M.	The adhesion between fiber posts and root canal walls: Comparison between microtensile and push-out bond strength measurements	2004	European Journal of Oral Sciences	221	Universidade de São Paulo (USP)
Hebling, J.*, Pashley, D.H., Tjäderhane, L., Tay, F.R.	Chlorhexidine arrests subclinical degradation of dentin hybrid layers in vivo	2005	Journal of Dental Research	211	Universidade Estadual Paulista (UNESP)
Shono, Y., Ogawa, T., Terashita, M., Carvalho, R.M.*, Pashley, E.L., Pashley, D.H.	Regional measurement of resin-dentin bonding as an array	1999	Journal of Dental Research	189	Universidade de São Paulo (USP)

Figura IV.18 - Brasileiros com maior número de citações em odontologia na área de materiais dentários (Adaptado de Da Rosa et al., 2016).[38]

Outra maneira de encontrar lacunas ou mesmo ideias para resolver problemas parte de uma solução para um pequeno problema. Essa solução pode ser aplicada a outras áreas. A 3M queria fazer uma cola altamente adesiva, quando acabou desenvolvendo um produto que pouco colava em papéis. Apesar de não terem desenvolvido a solução de uma supercola para várias aplicações, acabaram aplicando aquela tecnologia em outra área: e surgiu o post-it. Possivelmente, a abordagem de extrapolar as soluções para outras áreas seja uma das formas mais comuns de inovação. Apesar de estratégia ser válida, o mais indicado é encontrar a lacuna primeiro, e depois a solução. O risco de estar mais focado na solução é o de encontrar respostas para problemas pouco relevantes, ou que não haja consumidores interessados naquela solução. Sempre que essa abordagem ocorrer, é importante ter claro que essa pode levar ao desenvolvimento de tecnologias, no qual o problema resolvido não é realmente um problema para os clientes. Por causa disso, avaliar se aquele problema é relevante auxilia na identificação de um potencial mercado para aquela solução. Muitas vezes, apenas ouvindo a opinião de outros quanto à tecnologia já fornece uma ideia inicial de potencial de mercado. Em outras será necessário colocar em prática a solução para verificar o interesse dos consumidores.

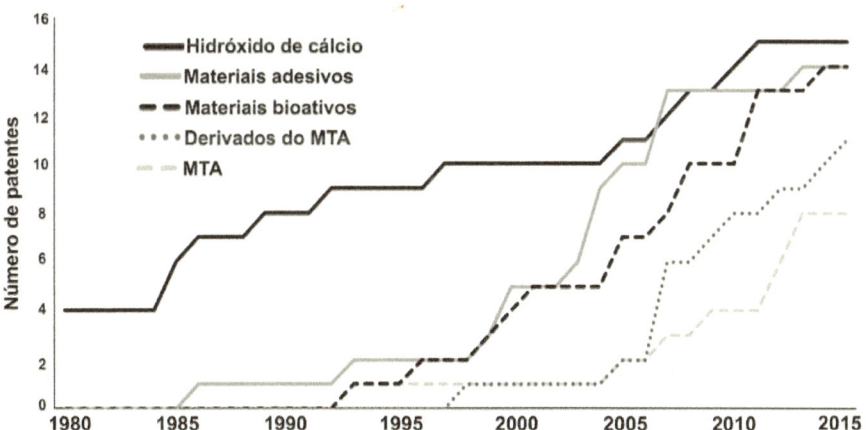

Figura IV.19 - Frequência cumulativa de patentes de produtos da saúde com o tempo (Adaptado de Da Rosa et al., 2017).[43]

Capítulo 31
Estatística

O agrupamento de uma grande quantidade de dados pode permitir a realização de análises estatísticas. A análise por estatística descritiva é a mais comum, mas análises inferenciais verificando associações, correlações e similaridade ou não entre grupos podem ser utilizadas. Além disso, algumas análises e comparações podem já ter sido feitas anteriormente e estarem disponíveis na literatura. Pesquisar por estudos que revisem os dados e informações disponíveis no estado da arte e da técnica simplifica o processo para identificação de lacunas.

Há uma série de softwares específicos para a realização dessas análises, como o R (Software livre sob General Public License, Nova Zelândia), Stata (Stata Corp LLC, Texas, Estados Unidos), SigmaPlot (Systat, California, Estados Unidos), SAS (SAS Inc., Carolina do Norte, Estados Unidos), SPSS (IBM, Nova York, Estados Unidos). Cada um tem sua particularidade quanto à tabulação de dados e os tipos de análises disponíveis. Caso queira realizar alguma análise desse tipo, indica-se que utilize o software que tiver maior familiaridade. O objetivo aqui não é aprofundar nos métodos estatísticos utilizados, pois irão variar bastante de uma análise para outra, inclusive, entre setores pesquisados. Para escolher o tipo de análise mais adequado, é importante ter em mente quais os tipos de dados que estão disponíveis e que tipo de resposta se espera obter com tais análises.

Uma das que mais se utiliza para os dados científicos é a meta-análise. Os softwares mais comuns para essa são o R e o RevMan (Review Manager

Software, The Nordic Cochrane Centre, The Cochrane Collaboration, Copenhagen, Dinamarca). A meta-análise torna possível agrupar dados dos estudos referentes às tecnologias e analisar qual apresenta um melhor desfecho, por exemplo, comparando dois ou mais grupos, ou mesmo realizando comparações indiretas entre grupos não diretamente testados pelos estudos.

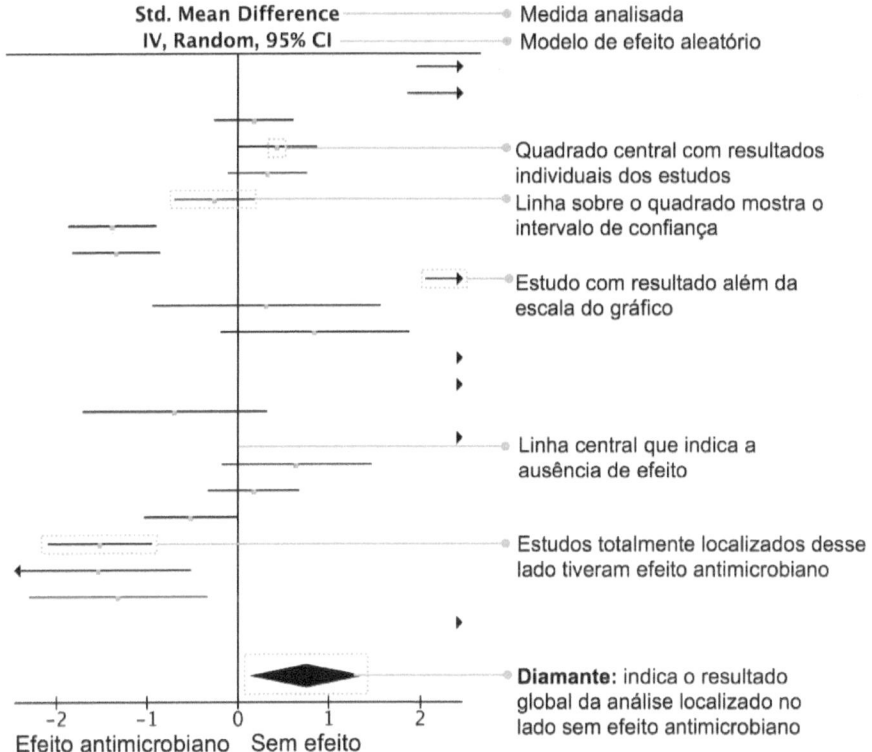

Figura IV.20 – Exemplo de análise de efeito antimicrobiano de um produto com os dados para interpretação da figura da meta-análise.

Na Figura IV.20 é mostrada uma análise que verifica o efeito antimicrobiano de um produto. Com base nesse gráfico, é possível notar que os estudos em que o resultado (no quadrado central) que está localizado à direita o produto não apresentou efeito. E os localizados à esquerda apresentaram. A localização à direita ou à esquerda varia entre estudos. Essas informações agrupadas permitem identificar, por exemplo, que produtos apresentam ou não o efeito pretendido. Com análises mais detalhadas de cada produto poderá ser possível identificar as razões para apresentar ou não efeito, e as lacunas que podem ser exploradas no setor.

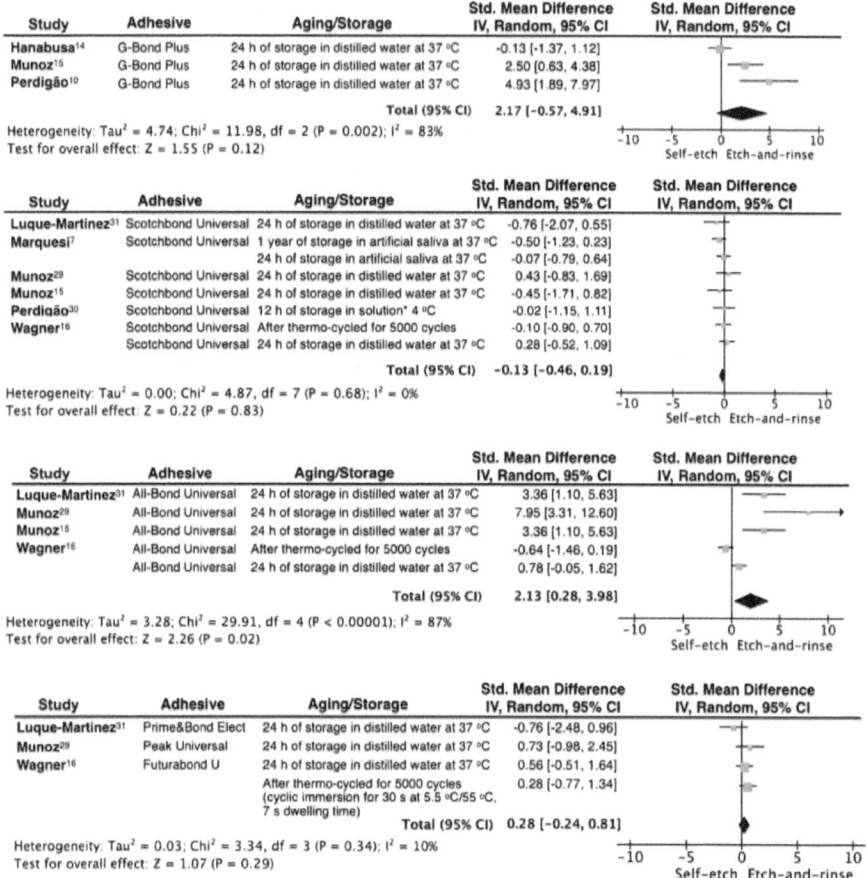

Figura IV.21 – Exemplo de resultados de análise para resistência de união de adesivos odontológicos comparando duas estratégias de adesão. Foi utilizado modelo de efeito aleatório para análise. O quadrado verde se refere ao resultado individual do estudo, e a linha sobre ele ao intervalo de confiança. O losango se refere ao resultado global das análises, comumente chamado de diamante. Quando localizado no meio da reta, não há diferença estatística entre os grupos. A diferença acontece quando o losango estiver à direita ou à esquerda da linha com número zero (Adaptado de Rosa et al., 2015).[44]

Na Figura IV.21 está demonstrada uma análise em que foram comparados dois tipos de adesivos odontológicos, a fim de verificar qual abordagem propiciaria uma melhor adesão. Por meio da análise global, é possível analisar resultados dos estudos disponíveis com a finalidade de demonstrar a melhor evidência disponível quanto à eficácia ou efetividade do produto ao desfecho de interesse. As análises podem ser feitas utilizando modelos de efeito fixo, que partem do pressuposto que os estudos são similares entre si. Não é muito comum encontrar estudos muito similares quando se comparam desfechos de produtos, serviços ou tecnologias. Esse tipo de modelo seria mais indicado para comparar tratamentos de saúde de estudos clínicos randomizados.

Cada vez mais, o modelo de efeito aleatório tem sido o mais utilizado. Tal modelo é mais indicado para comparar diferentes estudos que variam entre si, apresentando diferentes tipos de produtos, de metodologias, de desfechos analisados. Na Figura IV.22 é mostrado outro exemplo de comparação entre duas estratégias de tratamento. Mesmo com poucos estudos disponíveis na época da análise, já foi possível analisar os resultados globais da evidência disponível. O livro da Cochrane[36], para revisão sistemática e meta-análise, fornece maiores detalhes quanto à realização dessas análises e avaliação do risco de viés.

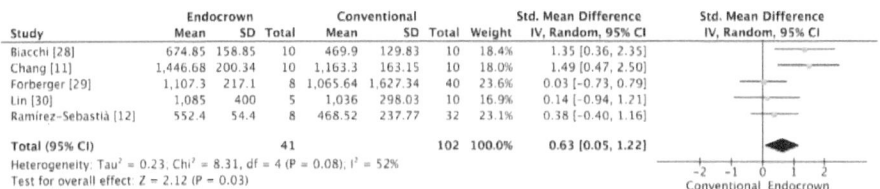

Figura IV.22 – Exemplo de análise com modelo de efeito aleatório comparando dois tipos de tratamentos com diferença estatística entre os grupos (Adaptado de Sedrez-Porto et al., 2016).[45]

De patentes é mais difícil a realização de análises desse tipo, e a estatística descritiva é mais comum, descrevendo as frequências relativas e absolutas dos parâmetros analisados (ver Capítulo 30). Usualmente, as patentes não apresentam dados tão completos quanto os resultados de estudos clínicos ou *in vitro,* que são necessários para a meta-análise. Além disso, os dados de patentes devem ser analisados com cautela, e não devem ser considerados isoladamente na análise, pois podem mostrar uma visão equivocada do setor (ver Capítulo 33).

Capítulo 32
Faça as perguntas certas

Todo o processo de análise do conhecimento científico e tecnológico disponível visa identificar os "sinais" e as lacunas que levam a novas inovações. Essas análises podem indicar, muito além do setor, qual é, de fato, a oportunidade de mercado para uma ideia. Uma maneira de facilitar o processo é fazer perguntas-chaves no momento de analisar os dados agrupados e mesmo as informações que já possuem de experiência prévia do assunto. A seguir estão descritas as perguntas que podem auxiliar em cada etapa.

1. *Sinais*
- Qual o problema principal?
- Quais problemas secundários estão presentes?
- Esse problema é relevante?
- Existe alguma dificuldade técnica a ser superada?
- Quais as queixas que as pessoas relatam para o produto/serviço/processo?
- Quais as desvantagens que as tecnologias existentes apresentam?

2. *Lacunas*
- Existe uma lacuna de conhecimento que pode ser explorado?
- Que oportunidades de desenvolvimento foram identificadas?
- A forma de resolver o problema é a melhor?
- Como seria o ideal da tecnologia analisada?

3. *Ideias e inovação*

- Como o problema existente já foi resolvido?
- Existem formas alternativas de resolver esse problema?
- O problema ocorre em outras áreas?
- Existe solução para problemas similares em outras áreas?

Capítulo 33
Cuidado com interpretações equivocadas

Em uma das histórias do Sherlock Holmes, *Estrela de prata* do Arthur Conan Doyle[46], o detetive investiga um crime prestando atenção no que não aconteceu. O cão da família não latiu, possivelmente, o assassino seja alguém da família. Geralmente, se está focado no que aconteceu, e se esquece do que está faltando. Há lacunas de desenvolvimento, com problemas e contradições, ou mesmo soluções técnicas que são reportadas em um pequeno número de documentos ou mesmo nem tenham sido reportados.

Qualquer um pode depositar uma patente, e se essa está bem redigida e será concedida ou não pode demorar anos. Em 2018, foi depositada a patente BR 10 2018 004918 6 no INPI intitulada: "Método educativo para demonstrar que quantidade de pedidos de patentes não é uma boa métrica de inovação". O depósito é uma crítica criativa que demonstra que qualquer um pode depositar uma patente de qualquer texto se o documento estiver formatado adequadamente. Além disso, é criticado o uso das informações de patente como métricas para inovação. Isoladas, os dados de patentes podem dar uma visão equivocada da inovação do setor, sendo importante também considerar outras informações de mercado. Devem ser reconhecidas as limitações desses documentos e analisados, com cautela, os dados disponíveis, a fim de não chegar a conclusões equivocadas. Por causa disso, não se prenda apenas aos dados que apresentem maior frequência na análise. O segredo de analisar documentos de patentes é tentar unir a análise qualitativa com a quantitativa. Muitas vezes, nos parâmetros de menor frequência é que estão as lacunas e soluções com potencial de exploração. Nesses casos, uma análise qualitativa pode facilitar a identificação de "sinais" escondidos.

Apesar dos dados coletados serem uma rica fonte de informações e uma excelente ferramenta para identificar o que está oculto, deve-se cuidar para não realizar interpretações erradas na análise. Os dados têm limites, e pode ser perigoso confiar demais neles ou presumir que sempre se sabe o que significam, pois é muito fácil achar padrões falsos em dados. Talvez, uma tecnologia que tenha sofrido um surto de depósito de patentes, em um período, e decaído em seguida, não signifique uma falta de interesse de mercado. Também não quer dizer que uma tecnologia que vem sendo extensamente estudada e apresente poucas patentes tenha possibilidade grande de evolução com inovações no mercado. Pode ser apenas que aquele setor atingiu seu "platô" de desenvolvimento e a evolução tenha seguido outros caminhos.

Além disso, poucos estudos e inventos recentes em uma área que já foi muito estudada não significam esgotamento do setor. Há milhares de patentes referentes a carros ou tecnologias para carros, e há diversas possibilidades de inovação ainda no setor, como a Tesla mostrou com os carros elétricos. A própria roda já foi inventada há muito tempo, e apesar de ainda ser extensamente utilizada pelos veículos, talvez, não seja a única forma de movimentar veículos. É só olhar para os trens-bala. Os dados e informações vão apenas mostrar os "sinais" de desenvolvimento, cabe ao pesquisador interpretá-los da melhor maneira. E como interpretar e identificar lacunas que podem ser exploradas? Mostra-se em maiores detalhes na Parte V.

Pontos principais

- A partir dos dados obtidos é o momento de realizar o monitoramento científico-tecnológico do setor. Com os dados de escolha tabulados em um software de planilhas, como o Microsoft Excel é possível analisá-los identificando padrões e uma série de informações, que vão fornecer os "sinais" para inovar.
- Olhar para uma quantidade imensa de dados e saber interpretá-los é o elemento-chave para a Teoria dos Sinais da Inovação. Ligar esses "sinais" não é tarefa fácil, e exige pesquisa, foco e determinação, com pitadas de criatividade.
- Qualquer inovação exigirá reflexão e a livre expressão das ideias, e no momento da análise é importante manter a mente aberta para isso.
- Geralmente são realizadas estatísticas descritivas analisando a frequência de dados, que permitem identificar o grau de desenvolvimento da área analisada. Outra que pode ser utilizada para os dados científicos é a meta-análise.
- Algumas bases de patentes, como o Derwent Innovations e o PatentScope, ou mesmo o sistema on-line pago ORBIT, permitem a realização de análises de uma ampla quantidade de dados.
- A maioria das bases de dados de artigos apresentam filtros que permitem a filtragem de documentos por categorias.
- Para facilitar o processo de análise de dados, esses podem ser agrupados para verificar as seguintes informações: evolução anual; países de depósito, de prioridade e de origem; inventores e autores; depositantes; status; classificação de documentos; mapeamento estratégico; citações; transferência de tecnologia.
- A interligação de dados disponíveis é uma das melhores maneiras de

encontrar lacunas de desenvolvimento pelos "sinais" das informações científicas e tecnológicas.

- Apesar dos dados coletados serem uma rica fonte de informações e uma excelente ferramenta para identificar o que está oculto, deve-se cuidar para não realizar interpretações erradas na análise, pois é muito fácil achar padrões falsos em dados.

Parte V
Ligando os Sinais

"Criatividade é apenas conectar coisas".
Steve Jobs

Capítulo 34
Encontrando as lacunas

A função principal da Teoria dos Sinais da Inovação é identificar lacunas no desenvolvimento científico-tecnológico, e inovar dentro desses espaços. Depois de identificadas as lacunas, que podem ser problemas não resolvidos, ou mesmo contradições técnicas difíceis de serem superadas, chega o momento de encontrar as soluções. Identificar os "sinais" e encontrar essas lacunas requer uma mente aberta e experimentação. E é fundamental que as lacunas sejam encontradas antes das soluções. Há sempre a tendência de querer apressar o processo, tentando encontrar lacunas para as soluções já existentes. Nesse momento, a impaciência e a ansiedade podem ser os maiores obstáculos à inovação. As maiores qualidades do Einstein e que propiciaram tantas descobertas eram a paciência e a extrema determinação.[11]

Não adianta apressar o processo e querer identificar da noite para o dia os padrões ocultos e as lacunas, que podem levar à criatividade. Como um problema difícil de ser resolvido e que após um tempo a resolução salta aos olhos, a Teoria dos Sinais da Inovação também funciona de maneira similar.

A mente humana tem a péssima tendência de partir para generalizações apressadas sobre qualquer assunto. As opiniões são formadas rápido demais, e quase não se tem consciência que elas estão sendo formadas, com frequência, tendo como base dados, ideias e informações insuficientes. É importante dar um tempo à mente para encontrar as oportunidades disfarçadas. Apressar o processo, não dominando os fundamentos e sem compreender melhor o panorama do setor, não leva a lugar algum! Dar uma pausa criativa, como diria Edward de Bono em

"Criatividade levada a sério"[47], faz com que a mente quebre o padrão de pensamento atual e consiga formar um novo, com ideias mais criativas. Quanto mais tempo você passar absorvendo os "sinais", dominando as análises, explorando e experimentando, ao fim será capaz de encontrar um espaço singular que poderá dar luz a algo novo e inovador.

Como qualquer aprendizado, a habilidade de encontrar lacunas e pensar criativamente nas soluções melhora com estudo, treinamento e prática. Com o tempo, a habilidade vai se aprimorando, e como um surto de pensamentos e ideias, identificar as lacunas fica mais fácil. E os espaços para inovar surgem, como lugares até então invisíveis a olho nu. Em grande parte das vezes podem parecer até óbvios (e, provavelmente, serão quando você contar a alguém o que percebeu). Contudo, se você precisou que alguém tivesse falado aquela ideia, então, essa não era óbvia. Se fosse, a Nokia teria focado no desenvolvimento do *smartphone* muito tempo antes. As demais empresas que produzem vinhos teriam criado seus próprios *Yellow Tail*. E empresas que, por muito tempo, dominavam um setor se manteriam no mercado por muito mais tempo. Claro que permanecer no mercado depende de uma série de fatores, e inovar não é um processo fácil.

Assim como a criatividade, que não é inerente apenas dos indivíduos com o lado direito do cérebro potencializado, a inovação também não é. Ela também não é restrita apenas a gênios como Bill Gates, Steve Jobs ou Mark Zuckerberg. Cada vez mais, as inovações decorrem de projetos de equipes. Como a ciência, que está globalizada, com pequenos avanços sendo realizados a todo o tempo, em todo o mundo, as inovações também acontecem da mesma maneira. Não existe segredo, nem mágica.

Ter a mente aberta para encontrar primeiro as lacunas é essencial. Depois de identificadas, chegará o momento de inovar. O processo, em alguns momentos, pode ser lento e desmotivador. Não adianta desanimar ou querer apressar as etapas. É natural que a empolgação maior do início diminua com o tempo, o que acaba auxiliando a assumir certa distância, que permite aprimorar o trabalho feito ao observá-lo com mais objetividade. E até mesmo essa distância ajudará a aprimorar a inovação. Se encontrar uma lacuna legítima, um problema a ser resolvido, encontrou-se o embrião para uma inovação. E essa pode ser única ou diversa. A solução que será dada pode transformar um produto ou uma tecnologia em uma inovação.

Também é importante que o problema não seja apenas seu. Por isso, a importância de toda a análise. É ali que serão encontradas as lacunas globais, que podem atingir muitas pessoas. Lacunas específicas, que só uma pessoa considere como problema, podem não ter mercado para a inovação posteriormente. Nos próximos capítulos será mostrado como fazer a gestão de tantas informações para identificar as soluções para as lacunas e, por fim, inovar.

Capítulo 35
Gestão de ideias para inovação

O mundo funciona como um sistema ecológico, em que as pessoas atuam em determinado campo competindo pelos mesmos recursos e pela sobrevivência. O mesmo ocorre com as tecnologias. Quanto maior a quantidade de pessoas e tecnologias similares, em determinada área, mais difícil é prosperar nessa. E as pessoas acabam atraídas pelas mesmas áreas por verem outras prosperando nelas, sendo as tecnologias desenvolvidas reflexo dessa conduta. Cria-se muita similaridade e pouca inovação, seguindo os caminhos conhecidos que já se sabe que levarão aos mesmos lugares.

E como atingir lugares diferentes? Resolveu-se parar e analisar o quadro geral de diversos livros que abordam a gestão da inovação (Tabela V.1). Assim como a Teoria dos Sinais da Inovação permite vislumbrar "sinais", com os dados científicos e tecnológicos disponíveis para encontrar lacunas e soluções, ao analisar o panorama de métodos existentes se percebe que há certo padrão para todos eles. A essência de como lidar com a informação para ter novas ideias acaba sendo bastante similar, apesar de apresentar mecanismos e ferramentas variadas. A seguir se irá mostrar como esses acabam sendo muito mais parecidos do que aparentam. O mais interessante é poder agrupar todo esse conhecimento para resolver as lacunas identificadas.

Diversos estudos e livros procuram mostrar estratégias para que se tenham novas ideias de modo original e criativo. Alguns são mais voltados para empresas, outros para produtos, e outros para qualquer tipo de ideia.

Um dos métodos mais famosos é o *brainstorming*. A abordagem envolve várias pessoas, em um mesmo local, e essas colocam as ideias que surgirem a mente em um papel. Usualmente, esse método é realizado em três etapas: na primeira o grupo de pessoas aponta o maior número de problemas. Em seguida, todos são estimulados em exposição e formação do maior número de ideias, sem julgamentos. E somente na terceira etapa as ideias são avaliadas.

No entanto, existem trabalhos que procuram sistematizar o processo de inovação e conseguem simplificar o método de modo brilhante: como "A Arte de Imitar" (de David Kord Murray, 2010)[18], o "Innovatrix" (de Clemente Nobrega e Adriano de Lima, 2011)[21], ou o famoso "A Estratégia do Oceano Azul" (de W. Chan Kim e Renée Maubourgne, 2005)[17]. Conhecer meios de gestão de informações para inovação facilita a análise dos dados e a identificação dos "sinais", e a leitura desses livros pode auxiliar bastante no processo.

O modelo das quatro ações da "Estratégia do Oceano Azul"[17] aborda que se podem utilizar quatro ações principais sobre um produto, ideia ou material para inovar. Assim, é possível buscar espaços de mercados não explorados e que tornem a concorrência irrelevante, como fez o Yellow Tail da Casella Wines na Austrália. As quatro diferentes ações seriam: reduzir, eliminar, criar, elevar. Pode-se atuar sobre características, componentes, serviços. O Cirque du Solei teria se diferenciado de todos os outros circos por meio dessa abordagem. Ao invés de concorrer com outros circos, repetindo as mesmas características dos demais, eles estruturaram um circo completamente diferente e que não tinha concorrentes naquele formato. Eliminaram atributos como os astros do circo, os espetáculos com animais, o desconto para grupos, os espetáculos em vários picadeiros. Elevaram o fato de apresentarem um picadeiro único. Reduziram a diversão, humor, vibração e perigo. E criaram um tema, um ambiente refinado, várias produções, músicas e danças artísticas. Eles foram bem-sucedidos, porque identificaram lacunas, que puderam explorar com inovações, tornando o espetáculo do circo quase como uma peça de teatro.

Outro método é a partir da identificação de problemas ou contradições, similar ao que aqui se chamam de lacunas. Todas as invenções vão tentar resolver essas lacunas, e para isso uma série de princípios inventivos pode ser utilizada. O livro "Innovatrix"[21] detalha cada princípio como uma evolução da TRIZ do Altshuller. De modo geral, pode-se dividir o processo em quatro etapas principais: definição do problema, identificação da contradição, identificação dos princípios inventivos e proposição de soluções. Por exemplo, muito antigamente, havia uma contradição no crescimento das cidades. Como crescer com mais casas com menos espaço? Assim, surgiram os edifícios. Entretanto, os prédios foram ficando maiores e com mais escadas. Logo, surgiu outra contradição: como andar de um andar para outro com muitas escadas? Era cansativo demais! Ao invés das pessoas andarem, o "prédio" que de certa forma andaria. Assim, surge a escada rolante, e também o elevador. O que o modelo aborda é que sempre existe um problema, e podem ser utilizados quarenta princípios inventivos para tentar solucioná-lo, como segmentação, fusão, separação, universalidade.

Tabela V.1 - Estratégias para resolução de problemas para inovação de produtos, serviços ou empresas.

Modelo das 4 ações	6 passos para inovar	Innovatrix	Design Thinking
Reduzir Eliminar Criar Elevar	1. Definindo 2. Tomando emprestado 3. Combinando 4. Incubando 5. Julgando 6. Aperfeiçoando	1. Definição do problema 2. Identificação da contradição 3. Identificação dos princípios inventivos 4. Proposição de soluções	1. Empatia (*Insights*) 2. Definição (Foco) 3. Ideação (*Brainstorm*) 4. Prototipar (Construir) 5. Testar (Entregar)
Saiba mais em "A Estratégia do Oceano Azul", de W. Chan Kim e Renée Maubourgne, 2005[17]	Saiba mais em "A Arte de Imitar", de David Kord Murray, 2010[18]	Saiba mais em "Innovatrix", de Clemente Nobrega e Adriano de Lima, 2011[21]	Saiba mais em "Design Thinking", de Tim Brown, 2010[48]

Já em "A Arte de Imitar"[18], David Murray relata seis passos para inovar: definindo, tomando emprestado, combinando, incubando, julgando e aperfeiçoando. As ideias viriam de outras ideias, e aqui neste livro se utiliza como fonte os dados científicos e tecnológicos disponíveis. Segundo esse autor, nenhuma ideia seria totalmente original. Como as estratégias anteriores, ele também relata que as ideias partiriam de um problema bem definido. Basicamente, ele trata do princípio de associação e conexão como fonte para inovação. Um dos conceitos mais interessantes abordados pelo Murray é o da Incubação. É preciso haver um período no qual a ideia fique parada, incubada, para só depois se voltar a ela e verificar se essa ideia ainda faz sentido e vale a pena. Muitas vezes, em um primeiro momento, uma ideia nova pode parecer genial, mas ao se passarem alguns dias e se refletir mais a respeito, percebe-se que aquela ideia não era tão genial assim. O período de incubação permite matar ou, principalmente, aprimorar qualquer ideia.

Um outro método empregado é o *Design Thinking*.[48] Essa ferramenta, criada no final da década de 1960 e adotada pela engenharia no início dos anos 1970 se tornou uma ferramenta bastante útil para resolver problemas de trabalho. Mais recentemente, essa mesma ferramenta foi adaptada para uso até mesmo no *design* da própria vida de cada um.[49] O método é adotado por indivíduos e diversas organizações e visa abordar os problemas com base nas informações disponíveis, bem como propor soluções inovadoras. As cinco etapas principais estão descritas na Tabela V.1.

A primeira etapa do Design Thinking, empatia, é uma das mais importantes e necessita de profunda conexão e foco. Tendo empatia pelo problema, a equipe terá a motivação intrínseca para analisar o problema como um todo, de modo a encontrar, posteriormente, a melhor solução. Se não houver empatia, possivelmente, o projeto pode estar fadado ao fracasso. Não há receita para identificação do problema principal. Nessa etapa, o problema é entendido por uma equipe com base em diversos pontos de vista. A conexão e a empatia podem auxiliar a ter uma visão mais periférica de modo a encontrar soluções não óbvias. Na segunda etapa, chamada de Definição (Foco), é importante analisar, organizar e sintetizar o problema encontrado. Enquanto na etapa seguinte, de Ideação, deve-se permitir que as ideias aflorem da equipe. *Brainstormings* podem ser realizados, e ideias ousadas são bem-vindas, de forma que se evita qualquer julgamento de valores. Após essa etapa, é o momento de prototipar e testar a solução inovadora encontrada.[48]

E o que todas essas metodologias têm em comum? Todas lidam com um problema, uma contradição, ou uma lacuna. E o modo de resolver essa lacuna pode ser com um princípio inventivo; aumentando, reduzindo, incorporando ou eliminando algumas características; ou mesmo definindo o problema, tomando emprestado e aperfeiçoando soluções de outras tecnologias. Não importa o modelo que seja escolhido, todos são complementares e podem ajudar a guiar o processo de encontrar soluções para as lacunas.

Capítulo 36
Intuição

O papel da intuição na criatividade não deve ser negligenciado.[50] Apesar dos modelos apresentados permitirem encontrar inovações e soluções, uma nova ideia pode surgir de um modo intuitivo. Matemáticos famosos, cientistas, pintores, muitas vezes, creditam o papel da intuição como parte do processo criativo, que constitui as suas descobertas. Por exemplo, a intuição foi descrita como sendo o cerne das visões criativas de Steve Jobs.[20] A intuição está associada tanto à geração de ideias como às fases de avaliação de ideias do processo criativo de resolução de problemas.[50] A intuição exerce um papel importante na identificação de lacunas e soluções por meio dos "sinais" disponíveis. Muitas vezes, não é necessário nem uma análise aprofundada do contexto técnico e científico da área para inovar. Como disse Einstein: "a intuição nada mais é do que o resultado de experiências intelectuais anteriores".[32]

E é possível deixar os preconceitos de lado quanto ao poder da intuição para inovar. No livro "Criatividade S.A."[51], o presidente da Pixar e da Disney Animations, Ed Catmull, relata que alguns professores de arte usam truques para treinar novos artistas. Colocam um objeto de ponta-cabeça para que o aluno possa desenhar, de forma pura e não como algo reconhecível, eles pedem para os alunos focarem em aspectos negativos como as áreas ao redor do objeto. O cérebro não distorce o objeto de ponta-cabeça, pois não impõe, automaticamente, sobre ele seu modelo mental predefinido. Isso facilita com que o futuro desenhista perceba formas, cores e padrões que até então estavam invisíveis. Os artistas aprendem a usar formas diferentes de ver os objetos, e isso não significa que não vejam o que as demais pessoas veem. Apenas veem mais, pois neutralizaram a tendência mental de saltar para as conclusões do que estava preconcebido sobre o que era o objeto. As aulas de arte acabam servindo não para desenhar, mas para ver.

Como um dos grandes estudiosos da história, o físico Max Planck já havia dito que os cientistas: "devem cultivar uma imaginação intuitiva vívida, pois as novas ideias não são geradas por dedução, mas por uma imaginação criativa artística".[11] O intuitivo, o racional e a ciência podem coexistir e usar todas as abordagens, podem permitir encontrar lacunas e respostas, que são a essência das maiores inovações.

Capítulo 37
Pense como uma criança

Se uma pessoa sozinha leva trinta minutos para comer um saco de pipoca, quanto tempo duas pessoas levariam para comer o mesmo saco? A primeira resposta que surge para essa pergunta, a mais lógica, seria quinze minutos. As pessoas são condicionadas a pensar dessa forma. Desde o colégio se aprende a raciocinar desse modo, sendo recompensados por essa maneira de pensar com boas notas e aprovações. Faça essa pergunta a uma criança e, talvez, a resposta seja que o tempo que levaria é de uns 5-10 minutos. Afinal, sozinho você pode comer mais devagar, mas com outra pessoa tende a comer mais rápido para não ficar sem pipoca. Parece ilógico? Com certeza, não. Talvez, seja até a resposta mais apropriada ao problema. Sem dúvida, é a mais criativa.

Quando crianças, as pessoas são mais abertas às ideias alheias, pois precisam estar abertos ao aprendizado e a maior parte do que se aprende nunca havia sido visto antes. A criança tem a mente completamente aberta, a cabeça transborda de indagações sobre o mundo, e ela absorve todas as informações que há acerca do assunto com intensidade máxima. A criança não tem outra opção, além de aceitar o novo. Se uma pessoa não quiser descobrir aquilo que não compreende, está mal preparada para o processo criativo.

É necessário estar aberto a um ponto de vista novo, uma ideia diferente, uma solução inédita que questione o status quo. Ao achar que já se sabe determinada questão, a mente automaticamente se fecha a qualquer outra possibilidade, vendo reflexos de verdades do que já foi presumido. A meta para a criatividade é ter, eternamente, uma "mente que não sabe", ou como o zen japonês chama, uma "mente de principiante". Encarar a vida como uma fase de aprendizagem contínua ajuda no processo. Ir contra a "mente que não sabe" o torna mais propenso a se repetir do que criar algo inovador.

A boa notícia é que ao contrário dos outros animais, os seres humanos ainda mantêm uma característica chamada de neotenia, que se refere aos traços mentais e físicos de imaturidade, mesmo em adultos de idade avançada e possível conseguir voltar a pensar como crianças, especialmente, no momento de aprender algo novo, com a admiração e a curiosidade que se tinha na infância. No fim, o mais empolgante é o processo de criar algo inédito. E voltar a pensar como uma criança pode auxiliar, enormemente, no processo de manter a mente aberta a descobertas.

Capítulo 38
Processo criativo

Há, ainda, aquela visão romântica de que a criatividade e o processo criativo acontecem como um lampejo de um raio. O processo inventivo é mais dispendioso, e nem os gênios criativos, que se conhece tiveram suas ideias da noite para o dia. O telefone, o computador, o carro elétrico, as vacinas, o *smartphone* não foram criações isoladas de um momento de surto de ideias de um único gênio criativo. O processo inventivo envolve pesquisa, testes, julgamento e aprimoramento até que as inovações surjam e possam, posteriormente, atingir o mercado.

Algumas pessoas conseguem visualizar melhor as ideias, por meio de desenhos, diagramas, mapas mentais. No processo criativo, esses métodos também podem ajudar. Pensar da maneira convencional pode ser o mais natural. Contudo, o pensamento em termos visuais pode ser produtivo para o processo criativo. Einstein era mestre em explicar o que já existia, vendo o universo de uma nova perspectiva. Outros inovadores famosos, como o Henry Ford e o Thomas Edison, tinham um pensamento não só em termos visuais, mas também tridimensionais. O uso desses métodos permite conceber várias coisas ao mesmo tempo. Colocar as ideias no papel, em forma de imagens, de esquemas, de fluxogramas ou outros meios visuais pode auxiliar a organizar várias informações, dando a essas novas dimensões de modo a identificar padrões e novos caminhos a seguir. A expansão da criatividade, para além do limite das palavras, expande as noções de pensamento em várias direções.

Por mais que se quer saber para qual lugar se está caminhando e a incerteza seja desconfortável, o processo criativo exige percorrer caminhos que podem levar a qualquer lugar. As pessoas mais criativas têm a singular capacidade de observar o mundo de vários ângulos diferentes, de maneira a perceber aspectos que outros não veem ou ignoram. Mudar de perspectiva é uma capacidade inerente à imaginação.

Apesar de encontrar uma mente aberta para analisar os dados, identificar as lacunas e encontrar soluções inovadoras deve ser a meta fundamental das pessoas criativas, o caminho que cada um percorre é singular para cada um. Libertar a criatividade exige libertar os cintos que os amarram, dispensar o que é familiar e está preconcebido na mente, aceitar riscos, não tendo medo da incerteza constante e estar aberto para o novo.

Além disso, é importante considerar que o processo criativo pode funcionar de maneira diferente para cada um. Enquanto alguns preferem colocar as ideias no papel, outros preferem usar meios digitais (e existem, inclusive, aplicativos para isso). Alguns gostam de criar ouvindo músicas, outros preferem o silêncio absoluto. Não existe um método único e melhor que outro, e nem um método é também superior a outro. O importante é tentar compreender aquele que funcione melhor para a pessoa, de modo que seja capaz de potencializá-lo. Dessa forma, as grandes inovações podem surgir quando se atravessa a fronteira do desconhecido.

Capítulo 39
Mudar é inevitável

É tolice pensar que mudanças podem (e devem!) ser evitadas, seja na vida pessoal, na profissional, ou no desenvolvimento de novas tecnologias. Um dos desafios que os profissionais enfrentam, em suas carreiras, é o de suportar a pressão por resultados cada vez mais imediatos com o nível máximo de eficiência. Isso tem feito com que alguns optem sempre pelo caminho mais seguro e de menos riscos. É como aquela história de ganhar o jogo por 1 a 0 e se acomodar no placar o restante do jogo. Não há crescimento e evolução sem mudanças.

Há uma tendência inconsciente de tentar se agarrar aos velhos padrões e às coisas que funcionam: métodos, soluções, princípios criativos, estratégias que funcionam. Conforme se tem sucesso na repetição desses padrões, as abordagens são reforçadas e a pessoa se torna cada vez mais resistente às mudanças. As próprias burocracias existentes para gerir a inovação podem dificultar o processo criativo. Talvez, seja devido à inevitabilidade das mudanças que haja essa tendência de se agarrar àquilo que se conhece. Quando se acerta em algo que funciona, não espere que funcione novamente para todos os casos.

As mudanças devem e irão ocorrer. Acontecimentos e imprevistos aleatórios fazem parte da beleza da vida e não devem ser vistos como algo a temer. Reconhecer isso ajuda a manter a mente aberta a novas conclusões, novas experiências, novas soluções, reagindo de modo construtivo com as mudanças. O medo do novo pode levar a buscar estabilidade, certeza e segurança. O imprevisível é o local no qual nascem as ideias mais criativas.

A distinção entre o que funciona e vale a pena continuar, e o que se deve descartar é complicado. O processo criativo pode ser dispendioso, com desordens imprevistas, falta de padrões e becos sem saída. A pessoa se agarra, o máximo possível, naquilo que considera seguro, até ter confiança suficiente que outro lugar seguro o aguarda. O mesmo vale para velhos pensamentos e ideias que funcionaram no passado.

Uma vez que só 20% das pessoas alcançam o seu verdadeiro potencial, a mente pode acabar sendo a maior amiga ou inimiga. No livro Inteligência Positiva, de Shirzad Chamine (2010)[52], um dos empecilhos que prejudicam o modo de pensar criativo são os denominados "sabotadores". A estratégia que deveria ser abordada envolve identificar esses inimigos "sabotadores" e enfraquecê-los ao máximo. A ideia de que a mudança é aliada deixa alguns poucos à vontade.

Para alguns, mudar de curso no processo ou mudar de opinião é sinal de fraqueza (quando, na realidade, o mais perigoso é não conseguir mudar de opinião). O próprio Steve Jobs mudava de ideia constantemente, e era conhecido por isso.[51] Uma solução para uma lacuna identificada e que tenha funcionado para determinado setor não significa, que sempre funcionará. Quanto se reportou, na primeira parte, acerca da importância de manter a mente aberta, não é só no início do processo que essa capacidade é importante, é em todos os momentos!

Capítulo 40
Colaborações

Embora o ano de 1969 tenha sido fortemente marcado pela chegada do homem à Lua, aconteceram pelo menos dois outros momentos históricos tão (ou mais) importantes naquele ano, que mudariam o futuro das décadas seguintes. No segundo semestre daquele ano, os engenheiros do Vale do Silício descobriram um meio de colocar um computador programável dentro de um chip, que foi chamado de microprocessador e uma rede capaz de conectar computadores distantes foi desenvolvida. A internet surgiu de iniciativas do governo e de empresas privadas, mas em resumo é fruto de um grupo de acadêmicos e hackers, que trabalhavam trocando livremente suas ideias e opiniões. Como resultado desse compartilhamento surgiu uma rede para facilitar o processo. É interessante notar que a internet foi criada com a ideia de distribuição e compartilhamento de poder. Apesar disso, no início, essa ficou restrita aos pesquisadores e militares, e as inovações que a levariam a transformar o mundo nas décadas seguintes vieram apenas nas décadas de 1980 e 1990, quando o público teve acesso aos computadores.[32]

A inovação envolve interações entre redes de pessoas e tecnologias de diferentes áreas.[29] Inovações como a internet, os computadores e grande parte das tecnologias disruptivas, que estão entre as mais importantes do tempo atual não foram feitas por pessoas isoladas na garagem ou no seu apartamento. Pelo contrário, a maior parte delas foi criada de maneira colaborativa. O trabalho em equipe ainda não é muito valorizado na inovação, pois se costuma dar um papel central para uma inovação. Os próprios produtos da Apple foram um trabalho de uma equipe extremamente talentosa, que sob o comando de Steve Jobs, deu à luz produtos com o iPod, iPhone, iPad.[20] O mais importante colaborador de Jobs para o desenvolvimento desses produtos foi Jony Ive, o designer-chefe da empresa. Segundo relatos, eles chegavam a almoçar junto três a quatro vezes por semana, de maneira que as ideias fluíam e as inovações iam se formando.[53] Claro que essa é uma visão romântica da inovação, daqueles exemplos clássicos de inovações de livros da área. Na ciência é cada vez mais raro ver trabalhos acadêmicos realizados por apenas um pesquisador. Talvez, a maior qualidade de alguns grandes empreendedores das últimas décadas seja a capacidade de se cercarem de equipes fortes e promover o trabalho colaborativo.

Contudo, costuma-se celebrar pessoas tratando-as como gênios e grandes inventores, não dando o devido mérito ao trabalho colaborativo.

Algumas das grandes empresas, conhecidas pelas inovações, já compreenderam a importância do trabalho em grupo e essas estimulam a interação entre pessoas, como: o Google, a Pixar, a Apple, a 3M. No livro "Os Inovadores", Walter Isaacson (2014)[32] fez uma pesquisa bibliográfica profunda por trás da origem das grandes inovações tecnológicas, que se têm nas últimas décadas. As colaborações que levaram a tantos avanços não ocorreram apenas entre contemporâneos, como também entre diferentes gerações. Tantos avanços foram graças a um efeito conjunto da criatividade de pessoas diferentes, com equipes que souberam identificar os "sinais" e as lacunas e chegar a novas inovações.

Grandes inovações são muito mais um trabalho coletivo do que individual. Até mesmo exemplos clássicos de grandes inovações também envolveram trabalhos colaborativos. Elas vêm de pessoas que não apenas têm boas ideias, como também têm a oportunidade de participar de um grupo em que as pessoas possam implementar e desenvolver a tecnologia.

Historicamente, há diversos relatos de brigas judiciais de quem foi o inventor de determinada patente ou conflitos em função de parte da patente, que deve ser de cada inventor. Contudo, a colaboração não pode ser medida. Nem a criatividade. E, muitas vezes, pequenas contribuições podem ser primordiais para a invenção. Talvez, quantificar a colaboração seja um dos grandes erros que levam a tais conflitos. Até mesmo em sessões de *brainstorming*, em que um grupo tem a tarefa de produzir novas ideias, a partir de várias, pode haver divergências entre as pessoas a respeito de quem sugeriu o que primeiro. Usualmente, a formação das ideias é feita muito mais pela atuação do grupo do que de um único indivíduo. Esqueça a visão tradicional do gênio criativo e isolado fazendo uma grande invenção no laboratório da garagem. Para chegar às inovações, o trabalho coletivo é o que deve ser estimulado.

Capítulo 41
Limites

Embora apressar o processo criativo seja contraprodutivo, é importante que haja limites para a inovação. Por mais contraditório que pareça, aquela sensação de que se tem tempo para realizar determinada atividade atrapalha no processo. Mesmo que não sejam prazos reais, os prazos autoimpostos são suficientes. A mente atinge o nível necessário de tensão para identificar as lacunas e as soluções. E durante o processo, usualmente, a pessoa tem um maior número de ideias e associações por estar em foco intenso no processo. Os prazos podem ser autoimpostos como pequenas metas diárias, que tornarão cada dia um desafio intenso e mais motivador.

Uma das questões mais interessantes que o Adam Grant aborda, em um dos livros de criatividade mais interessantes dos últimos anos, "Originais"[54], é a importância da procrastinação no processo criativo. Ao procrastinar se ganha tempo para pensar sobre as ideias, de maneira livre, ponderando as piores e aprimorando as ideias que eram embrionárias. O próprio Leonardo Da Vinci é famoso por não terminar suas obras e as estar continuamente aperfeiçoando. [55] Além disso, o planejamento pode ser maléfico se não for bem utilizado, pois pode manter a pessoa presa à ideia inicial e ao planejado, ofuscando o campo de visão de improvisações e novas possibilidades. Segundo Adam Grant, "grandes originais são grandes procrastinadores, mas não abrem mão do planejamento por completo". Algumas ideias precisam de seu tempo para amadurecer, e uma ideia prematura pode não ter amadurecido o suficiente para chegar de fato a se transformar em uma inovação. Apesar de a procrastinação ajudar no processo criativo[54], permitindo tempo para refletir, desenvolver ideias e fazer conexões, a imposição de limites também é importante. Ter todo o tempo possível para finalizar uma tarefa pode ser contraprodutivo.

Deve haver um equilíbrio entre procrastinação e limites. Este próprio livro foi deixado de lado, por um tempo, quando estava sendo escrito. Começou-se com uma versão inicial, quando ele foi deixado um pouco de lado e melhores ideias foram surgindo. Aos poucos, foi se aperfeiçoando as ideias iniciais. É fundamental que o primeiro passo tenha sido dado e se tenha começado o livro, para ter o tempo necessário das ideias fluírem. A procrastinação sem esse passo inicial não seria benéfica e, talvez, este livro nunca tivesse sido iniciado. É como aquele trabalho que tinha que ser entregue até um prazo limite e foi deixado de lado até a véspera da entrega, quando enfim foi feito de qualquer maneira.

O Google segue a risca a ideia de que restrições podem fomentar a criatividade,[8] limitando até mesmo a verba para novos produtos. Por causa disso, desloca sempre 10% dos recursos para inovações. Segundo a empresa: "quando se quer incentivar a inovação, a pior coisa a fazer é financiar de modo exagerado".

Quanto surgiu a ideia de catalogar on-line todo o livro já publicado, Larry Page, em 2002, poderia ter contratado vários engenheiros para testar a viabilidade do processo e fornecer um orçamento generoso para que fizessem isso. No entanto, ele mesmo pegou uma câmera e começou a fotografar cada página de um livro enquanto cronometrava o processo. De maneira simples e praticamente sem custo, ele calculou quanto tempo poderia levar para digitalizar os mais de 129.864.880 títulos disponíveis no mundo.[8] Dessa forma, Page verificou que o projeto era viável. Depois, eles usaram uma abordagem similar para verificar a viabilidade do projeto do Google Street View. A criatividade adora restrições.[56] O mesmo já relatou Steve Jobs: "A inovação não tem nada a ver com a quantidade de dólares que você tem para pesquisa e desenvolvimento. (...) Trata-se das pessoas que você tem, como você é dirigido e o quanto você compreende".[19]

Capítulo 42
Conexões

De acordo com Martha Gabriel[57], para uma pessoa sobreviver neste tempo precisa ter: 1. Pensamento Crítico; 2. Criatividade e Experimentação; 3. Conexão. O Pensamento Crítico envolve a capaciade de decidir após possuir uma base sobre o assunto e, a partir deste fazer uma reflexão levando em conta a observação, a experiência, o conhecimento prévio... Enquanto isso, um pouco de Criatividade e Experimentação são primordiais para solucionar os problemas deste tempo. Já a Conexão não deve ser somente com pessoas de diversas áreas, como também com tecnologias de setores diversos, uma vez que estas podem ser ricas fontes que levam a inovações.

Muitas vezes, os melhores *insights* virão dos lugares menos esperados. De outras áreas, de outros materiais, de outros setores tecnológicos. Os "sinais" que vão levar a novas ideias podem vir de informações de múltiplas fontes. E ao conectá-las novas ideias surgem. A maioria das ideias surge dessa maneira. Por causa disso, uma das melhores fontes de inovação decorre de conexões entre diferentes áreas.

A ideia de que a inovação fique no lugar em que a arte e a ciência se conectam já vem desde muito tempo. A obra do Leonardo da Vinci, no período do Renascimento, mostra a interligação de áreas diferentes do conhecimento com uma união entre arte e ciência, que contrasta fortemente com o modo com que os pesquisadores estudam hoje.[55] A integração entre áreas permite uma compreensão mais completa do mundo. Contudo, é difícil que haja outro homem como Da Vinci. Não pelas pessoas terem se tornado menos inteligentes, mas porque a complexidade de dados e informações existentes torna o mundo muito mais complicado para alguém dominar e contribuir em vários setores.

Ada Lovelace, ainda no século XIX, escreveu em um trabalho de 1841: "O que é imaginação? É a capacidade de fazer combinações. Ela reúne fatos, coisas e ideias em combinações novas, originais, infinitas e sempre em mutação. É ela que penetra nos mundos invisíveis da ciência a nossa volta".[32] Foi ela uma das primeiras a imaginar o que mais tarde (mais de cem anos depois) veio a se tornar o computador. Invenções complexas como o computador são, em geral, resultado de ideias e inovações de um número grande de conexões de diferentes fontes, e não de um gênio único na garagem de casa.

Um dos estudos[58] mais completos de Harvard sobre inovação tentou identificar o que tornava os inovadores diferentes. Foram avaliados três mil executivos, e o estudo demonstrou que a habilidade mais importante que separa os inovadores dos demais é a capacidade de "associação". Quanto mais variada era a experiência e o conhecimento do profissional, mais conexões o cérebro poderia fazer ativando novas conexões, que poderiam ser fontes de novas ideias. Quando novas ideias de fontes variadas se fundem, de maneira simbiótica, as inovações podem vir à tona. Entre os exemplos mais famosos e recentes está a conexão entre computador e o telefone, que levou ao iPhone ou mesmo a conexão entre o próprio iPhone e o computador, levando ao iPad, ou o computador e o relógio levando ao *smartwatch*.

Claro que é mais fácil exemplificar com exemplos clássicos, mas conexões podem ser feitas mesmo em áreas pouco famosas, como odontologia e engenharia por exemplo. Uma série de produtos utilizados para engenharia foi aplicada de maneiras diversas para fins odontológicos, como os próprios metais para braquetes ortodônticos, cerâmicas e polímeros para restaurações, entre outros. Não importa a área, as conexões podem permitir encontrar lacunas e soluções até então desconhecidas.

Capítulo 43
Questão de tempo

Uma capacidade que os grandes inventores possuem, como Henry Ford ou Einstein, é a de visualizar tanto as partes quanto o conjunto, unindo o conhecimento em um modo original. Uma forma de ver a inovação é como uma escada, na qual milhares de pequenos avanços (degraus) podem levar a um grande avanço. O foguete espacial, o computador, a internet, os microchips, as vacinas, os medicamentos, o celular.

A sociedade vivencia um período de transição de eras: da Era da Informação para a Era da Inovação.[57] Deve-se levar em conta o ritmo acelerado de mudanças. Imergir em um "mundo de necessidades", em que todas as respostas se encontram no futuro e não no passado é importante para tentar encontrar soluções eficazes. O ritmo de velocidade das mudanças na sociedade é turbulento. De acordo com Ray Kurzwei, autor de Como Criar Uma Mente[59], pode-se chamar essa mudança de aceleração do processo evolutivo biológico, que ocorre pelo crescimento exponencial tecnológico. Entretanto, é importante estar consciente de onde se está e o *timming* da inovação em relação ao mercado.

Muitas ideias surgem em um momento em que não há tecnologia suficiente para implementá-las, uma vez não observado esse detalhe primordial, a inovação poderá estar fadada ao fracasso. A inovação, muitas vezes, é questão de tempo. A origem dos filmes de animação, por exemplo, caminhou junto com o desenvolvimento de tecnologias que permitiram a sua concepção. Quando surge uma ideia no momento em que há tecnologia e recursos para implementá-la, também podem surgir inovações. Há alguns casos, em que não ocorreu essa sincronia, como quando a Ada Lovelace relatou, no século XIX, o que só virou inovação no século seguinte, quando havia várias tecnologias que permitiram desenvolver o computador. Felizmente, vive-se em um período de grandes avanços com uma rapidez nunca antes vista. Nunca antes houve um período tão propício para inovar quanto o atual.

Outras barreiras que podem atrasar o desenvolvimento ou mesmo a chegada de tecnologias ao mercado são questões legais. A popularização dos drones, nos últimos anos, levou a uma série de discussões quanto à segurança de seu uso, acarretando inclusive na criação de legislações específicas para utilização desses equipamentos em público.[60] O mesmo ocorreu com o serviço do Uber, com a relutância dos taxistas e casos graves registrados de brigas, que atrapalhavam o andamento do serviço. Em alguns locais, o serviço chegou a ser proibido por um tempo e, em outros houve alterações na legislação para regularizar o serviço.[61]

Inovações muito disruptivas podem enfrentar esses tipos de burocracias para atingirem o mercado. Muitas podem, inclusive, nem chegar a ser lançadas por não ultrapassarem essas barreiras de entrada. Produtos para a saúde, por exemplo, podem demandar registros nos órgãos competentes, bem como a realização de estudos pré-clínicos e clínicos até chegarem ao consumidor. Isso pode demandar anos de espera. Saber que questões legais podem estar envolvidas facilita no momento de ultrapassar tais barreiras. A grande maioria é apenas uma questão de tempo até que as barreiras burocráticas sejam superadas. Contudo, caso a empresa ou o empreendedor não tenha planejado passar por essas etapas, inclusive financeiramente, a inovação pode nunca atingir o mercado.

Capítulo 44
O "melhor" fracasso

Assim como qualquer etapa do processo criativo não precisa ser apressada, a ideia concebida não é o momento final do processo de inovação. Muito pelo contrário. É o momento de ser julgada, de ser colocada a prova, de ser testada. Geralmente (sim, geralmente!), as primeiras ideias que surgem são ruins, muito ruins. Não se contente com a primeira ideia, seja essa ruim ou boa, tal ideia não representa o ponto final do processo. As ideias podem parecer incríveis em um primeiro momento e, talvez, por isso seja importante o momento de incubação, pois depois podem se revelar falhas nos mais variados sentidos.

Ao se trabalhar em equipe, é primordial que todos tenham a abertura para expor as ideias que tiverem, sem julgamentos. As melhores ideias são evoluções e melhorias de ideias inicialmente ruins. A maioria das grandes inovações é o resultado de um ciclo de tentativa e erro no desenvolvimento de protótipos, com constante acúmulo de informações e aprimoramentos até levar à inovação que chega ao mercado.

No meio científico, os artigos usualmente são revisados por pares. A conduta não visa questionar a qualidade do trabalho (embora alguns entendam, equivocadamente, dessa forma), mas sim melhorar a qualidade do trabalho. As ideias e, consequentemente, as inovações só ficarão excelentes depois de questionadas e testadas. E o princípio da mente aberta também vale para esse momento. É necessário deixar o julgamento de lado e olhar para fora, para as ideias e as inovações que surgirem em resposta para as lacunas identificadas. A pessoa não é ideias, e caso se identifique demais com essas, ela pode se ofender no processo. Na Pixar, eles possuem o que denominaram de "Banco de Cérebros", formado por um grupo de pessoas que analisa os filmes, em vários estágios, questionando detalhes e ideias apresentadas.[51] A qualidade alta dos filmes da empresa é reflexo de uma conduta voltada para melhorias e aperfeiçoamentos constantes.

Pode-se ficar tão preso a uma ideia que surgiu de uma lacuna identificada, que se esquece de analisá-la se é a melhor resposta para as análises feitas. A melhor forma de julgar uma ideia é tentar matá-la logo no início. Quanto antes tentar matá-la, mais cedo podem surgir novas ideias e inovações ainda melhores que a original. Não tenha medo de críticas ou do fracasso. Erros decorrem de uma consequência natural ao se tentar criar algo novo. E embora experimentar o novo possa ser assustador para alguns, o pior é ter uma aversão total aos riscos de se inovar. Quanto antes fracassar, antes surgirão as soluções e ideias que realmente valem a pena.

Em inovação é possível considerar dois tipos de fracassos principais: o de nunca experimentar, e o de experimentar e errar. Não superar o temor de colocar as ideias à prova, ou nunca ter iniciativa para experimentá-las, são as causas mais comuns de ideias que não se transformam em inovações. Também não faz sentido ficar esperando o momento perfeito para experimentar e colocar em cheque uma ideia surgida. Esse é o pior tipo de fracasso, o que não leva a lugar nenhum e é fatal para a inovação. Infelizmente, é também o mais comum. Há muitas ideias brilhantes, que nunca passaram de ideias. E como qualquer empreendedor sabe, ideias não valem nada. Qualquer um pode ter ideias e, em tempos de mudanças constantes no conhecimento, sem experimentar e colocá-las em prática, elas continuarão não valendo nada.

O "melhor" fracasso é o de experimentar e errar. Todo o aprendizado adquirido com o erro supera de longe o medo de nem ter tentado errar. Claro que se deve errar sempre com o bom senso dos riscos calculados. Se a tentativa de colocar a ideia em prática afetar todo o seu capital e for uma atitude irresponsável da sua parte, é melhor dar um passo atrás. Na maioria das vezes não é esse o caso. Talvez, obter sucesso em um primeiro momento não seja o mais saudável para o aprendizado, e pode levar a pensar que se tem algum talento mágico. O inevitável fracasso vai ocorrer em algum momento, e só não é inevitável se nunca se tentar nada de novo. O fracasso propicia a desmotivação e a confusão, mas também proporciona encontrar novas lacunas que podem ser resolvidas com novas ideias e futuras inovações.

Depois da inovação também se pode deparar com o fracasso. Desenvolve-se a ideia e essa é lançado no mercado, com a empolgação genuína de lançar um produto que mesmo desenvolveu... e recebe uma reação indiferente do público. Matar a ideia o quanto antes é um teste que evitará fracassos maiores depois, ou poderá levar a ideias melhores.

É raro algum empreendedor de sucesso que nunca tenha fracassado, em algum momento. Seja o Steve Jobs, o Mark Zuckerberg, o Elon Musk, o Walt Disney, todos tiveram seus fracassos. O Google, por exemplo, tem uma ideia de gerir o fracasso bastante singular. Como uma empresa que lida com inovações em todo o tempo, é primordial que os funcionários possam errar e, consequentemente, melhorar os produtos. Segundo eles, o objetivo de qualquer ideia é transformá-la para melhor, e não a matar. O maior inimigo do processo criativo não é a falta de talento, mas de atitude. Por em prática as ideias, o mais cedo possível, acelera o processo de encontrar o fracasso, ou o sucesso.

Capítulo 45
Cuidado com a abordagem alienante

Cuidado para não cair na abordagem alienante de encontrar lacunas em suas soluções. Muitos pesquisadores podem cair nesse ciclo perpétuo de procurar problemas para as soluções que já têm ou confiar no conhecimento adquirido e nas habilidades olhando de fora as análises, chegando a respostas e conclusões, que nada mais são do que confirmações do que já presumiam. Imagine quantas lacunas e respostas estão escondidas por causa disso. Quantos pontos cegos existem que, se não identificados, ficarão ocultos.

Muitos dos "sinais" obtidos pelos dados podem ser frutos da abordagem dos inventores e pesquisadores. Há uma predileção pela observação externa, de modo a preservar a subjetividade das conclusões em ciência. Independentemente da área, há teorias e conceitos preconcebidos que vão influenciar na visão de mundo e nas respostas encontradas. Essa mesma abordagem acaba ocorrendo com a grande maioria dos estudiosos, que chega a conclusões, que são meras confirmações ou refutações de suas hipóteses, o que lhes confere artigos em periódicos de prestígio e uma posição estável na academia. Às vezes se fica tão obcecado em encontrar as respostas "corretas", que a tendência é tentar mostrar com métodos apropriados algo que já era presumido. Claro que, no meio do caminho, pode-se encontrar algo realmente inovador. Há grandes descobertas da ciência feitas por acaso.

Um risco que se corre, ao ficar muito especializado em determinada área, é o de ficar preso àquele conhecimento. Leva tempo, muitas vezes anos de estudo e dedicação para se aprender algumas habilidades ou especialidades. O estudo em detalhes de métodos e tecnologias complexas se fixa de tal forma na mente, que é fácil se perder do panorama geral. Mesmo pesquisadores que por anos ficam envolvidos, em atividades de pesquisa e desenvolvimento, acabam criando caminhos mentais que, de tão percorridos, se tornam familiares demais, a ponto de impedirem que sejam encontradas soluções inovadoras longe deles.

O foco na solução de um problema específico é tanto que se esquece que esse problema se encaixa em um quadro geral. Saiba que o trajeto de especialização máxima é sempre o caminho mais comum e simples de seguir, se focando em determinada área e estudando-a ao máximo. Não é um caminho errado, só é preciso ter cuidado para não ficar com uma visão distorcida e afunilada do quadro geral. Por acaso é possível encontrar tecnologias, problemas ou soluções que podem ser utilizados com outro propósito, resolvendo outra lacuna.

O processo criativo, muitas vezes, vem de associações e conexões, e é prejudicado por uma visão afunilada da mesma área de pesquisa. Talvez, uma das maiores contribuições da análise científico-tecnológica seja justamente ampliar o conhecimento específico daquele setor para outras áreas, visualizando o quadro geral ao invés da visão afunilada e ampliando as possibilidades de novas conexões. Contudo, se o seu foco for apenas confirmar os "sinais" que já foram identificados, talvez se esteja caindo na abordagem alienante. Não se fixe na perspectiva externa! Embora a segurança e a previsibilidade sejam sedutoras, os mais criativos são aqueles dispostos a ficar à sombra da incerteza.

Capítulo 46
Dos sinais às inovações

Os "sinais" vão servir para sinalizar que lacunas existem e podem ser exploradas. O Microsoft Windows, por exemplo, foi desenvolvido pela falta de softwares com interface agradável para integrar computadores de diversas marcas. A busca on-line, que levava a resultados irrelevantes, permitiu ao Larry Page e Sergey Brin identificarem uma lacuna na facilidade de busca na internet com resultados relevantes.

Até mesmo problemas rotineiros, como a dificuldade de estacionar o carro em locais com pouco espaço, sinalizaram para uma lacuna de facilidade de estacionar que levou ao desenvolvimento dos sensores de proximidade nos carros. As inovações vêm todas de um sinal, que ao ser identificado permite visualizar oportunidades até então desconhecidas.

Em alguns casos, pode ser mais fácil identificar os "sinais" que apontam para lacunas em determinado setor. Caso já se saiba quais lacunas existem, e tenha claro isso, pode não ser necessário tentar identificar os "sinais" que já estão gritando à frente por atenção. Alguns "sinais" são tão óbvios que até se pode questionar como ninguém os havia percebido antes. As queixas quanto ao preço alto e a qualidade baixa dos serviços de táxis, por exemplo, poderiam ter sido sinalizadas para qualquer um, que iria identificar uma lacuna em serviços de transporte pessoal com preço baixo e qualidade alta.

De qualquer maneira, a análise científico-tecnológica pode permitir encontrar mais "sinais", diferentes daqueles que haviam sido presumidos inicialmente e que, muitas vezes, estavam invisíveis aos olhos (mesmo que estivessem gritando por atenção). Usar viseiras para identificar lacunas e soluções significa correr o risco de ficar preso ao que lhe é familiar. E o mais fascinante do processo é enfrentar o desconhecido e encontrar lacunas e soluções não cogitadas anteriormente. Como exemplificado na Tabela V.2, os "sinais" podem levar a inovações nas mais variadas áreas, cabe a cada um tentar identificar quais estão apontando para lacunas, que podem ser exploradas com inovações.

Tabela V.2 - Exemplo de inovações e seus respectivos sinais, lacunas, ideia e invenções prévias.

Sinais	Lacunas	Ideia	Invenção	Inovação
Falta de softwares adequados para se trabalhar em computadores.	Mercado de softwares de interface em ícones de fácil uso.	Criação de um sistema operacional que permite o uso de programas e a realização de atividades como escrever, analisar dados e preparar apresentações.	Sistema operacional que pode ser usado por qualquer computador.	Microsoft Windows
Pessoas fazem uma busca on-line que leva a resultados irrelevantes.	Facilidade de busca na internet que leva a resultados relevantes.	Ranquear páginas da internet como citações de artigos.	Sistema de avaliação de páginas na internet por ranqueamento (Page Rank).	Site de busca do Google
Pouca segurança em casas, estabelecimentos comerciais e industriais, especialmente, quando não há ninguém presente.	Melhora da segurança dos locais mesmo sem a presença do proprietário.	Um dispositivo que reconhece a presença de pessoas por meio de sensores.	Alarme na casa que na presença de movimento de pessoas dispara um aviso sonoro.	Sistema de alarme de casa
Dificuldade de fazer a barba com aparelhos de barbear que necessitam de cremes e trocas constantes da lâmina.	Facilidade de fazer a barba com melhora no barbeador.	Acréscimo de motor ao barbeador e mudança nas lâminas para aumentar a durabilidade.	Barbeador elétrico que permite múltiplos usos até a necessidade de troca do sistema de laminas e não necessita do uso de cremes de barbear.	Barbeador elétrico

SINAIS – ALÉM DA CRIATIVIDADE

Dificuldade de estacionar em locais com pouco espaço.	Facilidade no momento de estacionar identificando proximidade.	Sensor que avise quando outro carro está próximo.	Sensor nos carros que emite um aviso sonoro quando há proximidade com carros na dianteira e traseira.	Sensor de proximidade dos carros.
Os celulares não têm acesso às informações da internet (e-mail, mensagens, redes sociais, etc.).	Celulares com acesso a internet.	Novo aparelho telefônico com função de computador.	Criação do celular que permite acessar a internet, enviar e receber e-mails, responder mensagens, etc.	*Smartphones*
Queixas quanto à dificuldade em procurar músicas na internet para baixar, tanto legal quanto ilegalmente.	Distribuição de músicas pela internet de maneira legal.	Serviço de transmissão on-line de músicas, sem a necessidade de baixar para ouvir.	Softwares, aplicativos e sistemas on-line que permitem o streaming de música.	Serviços de streaming de música: Spotify, Deezer, Apple Music, Tidal.
Queixas quanto ao preço alto e a qualidade baixa dos serviços de taxis.	Serviços do setor de transporte pessoal com preço baixo e qualidade alta.	Pessoas comuns podem usar o próprio carro para transporte, com serviços que devem ter a qualidade monitorada.	Aplicativo que conecta motoristas comuns com passageiros que estão próximos para transporte.	Serviços de transporte como Uber ou Lyft.
Queixas quanto às filas de pagamento nos supermercados e a demora em passar cada item no caixa.	Facilidade de comprar e contabilizar os itens a serem comprados.	Criar um local contendo sensores que identifiquem os itens retirados da prateleira e os contabilize em um aplicativo no celular.	Supermercado contendo sensores nas prateleiras sem nenhum caixa. O cliente chega, retira o item, e ele é contabilizado, automaticamente, no celular, com pagamento feito no cartão.	Amazon Go

Capítulo 47
Sinalizações erradas

A empresa canadense BlackBerry, ainda em 2010, dominava o mercado de *smartphones* empresariais e governamentais, com 43% de todo o mercado. Em 2013, a fatia de mercado caiu para 3,8%.[62] Como uma empresa com o domínio tão grande de um setor não percebeu os "sinais", que indicavam que aquele modelo de *smartphone* estava ficando ultrapassado rápido demais? Nos anos seguintes, os celulares com tela de toque, com a popularização do iPhone da Apple e do sistema Android do Google, tomaram o mercado.

Identificar "sinais" errados, ou não os identificar, é muito mais comum do que se imagina. Diariamente, produtos são lançados com vendas pífias. Mesmo multinacionais com anos de história têm seus fracassos. E apesar do fracasso fazer parte do processo de inovação, saber que há "sinais" errados ajuda a minimizar os riscos de fracasso. Mas como identificar esses "sinais"?

Talvez, o segredo de identificar "sinais" errados seja estando aberto a receber críticas. De todas as fontes possíveis. Perceber um sinal, por exemplo, que indique que uma fita VHS, em alta definição, apresenta uma lacuna a ser explorada pode ser um erro fatal para inovação. Mesmo que esse sinal tenha sido identificado na década de 1990. Posteriormente, foi visto que a solução para esse sinal não era uma fita VHS em alta definição, mas sim um disco de DVD, Blu-Ray ou um serviço de *streaming* de filmes em alta definição. Julgar as ideias e colocá-las a prova é o melhor meio para verificar se as sinalizações que são percebidas não estão equivocadas.

Uma das melhores maneiras de avaliar as ideias é por meio de um *feedback*. Estar atento a essas informações auxilia a verificar se há "sinais" errados, que precisam ser consertados. Ouvir a opinião de colegas, de potenciais clientes e mesmo de estranhos, quanto às ideias e inovações desenvolvidas, pode auxiliar a identificar se os "sinais", que foram percebidos, estão errados. Por mais duro que esses possam ser, podem indicar falhas que nem o próprio inventor conseguiu perceber. Contudo, é importante considerar que a opinião das pessoas também é suscetível a falhas.

E quem seria melhor para julgar as criações? No livro "Os Originais"[54], de Adam Grant, é demonstrado que as intuições são mais precisas nas áreas em que se tem bastante experiência, e os colegas inventores seriam os melhores para julgar as invenções (melhores até que o próprio público em prever o sucesso ou fracasso delas).

Capítulo 48
Além dos produtos

Embora grande parte das inovações deste livro seja de produtos, a Teoria dos Sinais da Inovação também pode envolver inovação de serviços e processos. E até mesmo na inovação, no modo de gestão de culturas corporativas. Ao analisar o próprio modelo de gestão do Google e da Pixar, por exemplo, percebe-se que os gestores identificaram elementos cruciais para o melhor gerenciamento da empresa, definindo bem problemas e lacunas que deveriam ser resolvidos com novas formas de gestão. O Google, para estimular um ambiente corporativo de criatividade faz uma gestão com menos supervisão e mais liberdade aos funcionários. Além disso, evitam ter documentos secretos para maior confiança dos funcionários no gestor.[8] Enquanto a Pixar estabeleceu uma cultura de estímulo a críticas, em que todos os filmes são revisados, periodicamente, por um grupo diversificado de pessoas. E o diretor tem liberdade para ajustar e melhorar o trabalho da melhor forma que considerar.[51]

Há, ainda, inovações em serviços, como do Uber e do AIRBNB. Os "sinais" que esses receberam indicaram que os serviços de táxi e de hotel não estavam atendendo as expectativas dos clientes. Muitos táxis e hotéis são caros e com pouca qualidade, assim, havia lacunas para desenvolver táxis melhores e hotéis mais em conta. O Uber surgiu dando oportunidade para milhares de pessoas transportarem outros indivíduos e receberem uma renda com isso. E ainda permitiu melhorar o serviço de transporte e diminuir o preço. Um processo similar aconteceu com o AIRBNB. O compartilhamento de casas, apartamentos, quartos, e outros meios de hospedagem deu luz a um novo mercado, diminuindo os custos e também ajudando milhares de pessoas, que podem ganhar uma renda extra ao dividir suas casas.

Outras grandes inovações em serviços dos últimos anos foram com os serviços de *streaming*, como Netflix e Spotify. Esses permitem a distribuição de conteúdo pela internet, como filmes e músicas, por um preço acessível. Não é mais necessário baixar nenhum dado para o computador, pois todos podem ser vistos diretamente pela internet via *streaming*. Esses serviços ainda ajudaram a diminuir a pirataria e incentivaram o uso legal de conteúdo pela internet. O mercado de música, que parecia não ter futuro, com a pirataria na década passada, teve um aumento de US$ 1,4 bilhão em 2017 (Total de US$ 17,4 bilhão), grande parte alavancado pelo crescimento das assinaturas por *streaming*.[63] Somente os serviços de *streaming* de música completaram 2017 com um total de US$ 7,4 bilhões, ou 43% das receitas totais. Desde 2016, o mercado apresenta crescimento outra vez, após dez anos de declínio.

A Amazon também identificou uma lacuna interessante no modo como os supermercados funcionam: com caixas físicos com ou sem pessoas presentes, produtos distribuídos em prateleiras, e todo o formato tradicional do supermercado. No final de 2016, ela apresentou uma proposta inovadora no modo de fornecer os serviços dos supermercados, com o nome de Amazon Go.[64] É um um supermercado físico, no qual os clientes podem fazer compras sem precisar passar por nenhuma fila, nem ser atendidos por qualquer pessoa. Os clientes apenas se identificam na entrada do local com o *smartphone* e, em seguida, vão pegando o que querem nas prateleiras. Feito isso, é possível simplesmente sair da loja, e a conta é cobrada no cartão. Há sensores espalhados pelo local que identificam o que a pessoa pegou da prateleira, e o item já é contado automaticamente no celular. Parece óbvia e simples a ideia, não? Se essa irá funcionar, só o tempo vai dizer. E a estrutura parece ser bastante complexa contendo diversos sensores. Talvez, seja questão de tempo até que a proposta se popularize, mas a inovação não deixa de ser genial. E poderia ter sido proposta por qualquer um atento aos "sinais" de problemas que os supermercados apresentam.

A cidade de Pelotas, localizada no Sul do Brasil, é famosa por seus doces. Há uma série de docerias no local. Nos últimos anos, uma padaria foi inaugurada na região central, e após algum tempo acabou fechando, possivelmente, pela falta de movimento. No mesmo local, pouco tempo depois foi inaugurada uma doceria: Brownie do Bira. Eles comercializam uma série de doces com brownie em taças de doces bem elaboradas (e que dão água na boca), com produtos até então não usuais na cidade, diferente das diversas docerias do local. Havia fila de clientes após a inauguração, e até hoje é uma das docerias mais frequentadas da cidade. Foi um negócio criado no mesmo lugar de uma padaria que teve que fechar anteriormente. Às vezes, a inovação vai além dos produtos, com um ambiente agradável, um serviço especializado bem feito e produtos de qualidade. A Starbucks também seguiu esse modelo muitos anos antes, criando uma cafeteria que era o "lugar entre a casa e o trabalho", diferente das diversas cafeterias já existentes. Os "sinais" podem ajudar a identificar lacunas, que vão além desses produtos, incluindo novos serviços, modelos de negócio, empresas.

Capítulo 49
Isso é realmente um problema?

Uma das perguntas que deveria ser feita, com mais frequência, em qualquer processo de inovação é: "Isso é realmente um problema?". Ou ainda: "Alguém compraria isso?" São questões simples, mas que exercem um papel fundamental para qualquer inovação. Tal questionamento reflete a importância do problema que a inovação trata de tentar resolver. E é essa pergunta que os clientes vão fazer na hora de comprar o produto. É essa pergunta que coloca o inventor no lugar do consumidor.

Às vezes, a resposta pode ser dolorosa. Aquele problema pode não ser um problema para a maioria das pessoas. Contudo, não pense que a sua resposta é única. Pergunte para outras pessoas. Verifique se o problema é global ou é específico para um determinado nicho. Além disso, algumas inovações podem não resolver um problema específico, mas vários. Em outras, as pessoas podem não se importar com o problema. Há ainda aquelas situações em que as pessoas nem perceberam o problema. O próprio Steve Jobs disse que "as pessoas não sabem o que querem até mostrarmos para elas".[19] Cada inovação é única, e tratar de descobrir se o que essa se propõe a resolver é realmente um problema permite identificar o quanto antes se haveria mercado para a inovação desenvolvida.

Talvez, o problema seja o excesso de confiança dos inventores. Quando se cria ou desenvolve algo, o inventor está próximo emocionalmente da criação e pode estar distante do gosto do público ou dos clientes.

Pesquisadores já mostraram que as pessoas têm a tendência de serem confiantes demais ao se julgar.[65,66]

O Google há alguns anos lançou um produto chamado Google Glass. Foram vendidos dezenas de protótipos, ainda em testes, e muitos os testaram. Na mídia, o produto foi um sucesso, vários veículos de comunicação abordavam a inovação que o produto trazia. Contudo, aqueles primeiros protótipos vendidos não atingiram a versão final, e o Google resolveu não mais comercializar o Google Glass. Embora o Google seja uma empresa que trabalhe na fronteira do conhecimento, isso não faz com que seja imune a falhas. O produto custou cerca de 1.500 dólares, e por esse valor esperava-se que fosse um primor. No entanto, o Google Glass nunca foi um primor, e até então não saiu da fase de protótipo. Além disso, as análises do produto apontavam mais problemas do que pontos positivos. Será que era realmente um problema o que ele se propunha a resolver? Talvez o tempo diga, quando ele for aperfeiçoado e chegue ao mercado de fato pronto, respondendo aos anseios e expectativas dos consumidores para o que pode oferecer.

Capítulo 50
Oportunidades ocultas

Chegar até a inovação é só o início de processo que acontece, usualmente, por meio de quatro etapas: ideias, invenção, inovação e mercado (Figura V.1). As ideias podem surgir de maneira individual e podem levar a novas invenções que são, normalmente, trabalhadas coletivamente. Essas invenções podem, posteriormente, levar a novos produtos, serviços ou processos que, por fim, podem atingir o mercado. Contudo, para que atinjam o mercado é necessário ir além da inovação.

Para chegar ao público final, caso uma patente tenha sido depositada por inventores sem interesse em comercializar o que foi desenvolvido, poderá ser necessária uma transferência de tecnologia para empresas por licenciamento. Os inventores poderão receber royalties pelas suas descobertas durante o período de vigência da patente. Geralmente, esse tipo de transferência é almejado por tecnologias desenvolvidas dentro de universidades e centros de pesquisa, nas quais o pesquisador não tem interesse em comercializar o que produziu.

Também é importante averiguar se o desenvolvimento, produção e comercialização da inovação se apresentam viáveis economicamente. Custos muito altos podem travar inovações que atingem o mercado com preços demasiadamente altos. A viabilidade econômica é uma das maiores barreiras que impedem a chegada de muitas inovações ao mercado. Até mesmo as que chegam ao mercado com preços altos podem fracassar pelo cliente não ver valor para o que o produto oferece por aquele preço. É importante investigar quanto o mercado poderia pagar por aquela tecnologia.

Usualmente, isso pode ser estimado com o preço cobrado por produtos similares, mas obviamente isso não é regra. Se a inovação apresentar melhorias, por exemplo, um preço mais alto pode ser cobrado ou "agregar valor" em algum quesito, estratégia que se tornou moda nos últimos anos, como a qualidade melhor, embalagem personalizada, serviço diferenciado, etc. Claro que a precificação pode exigir uma análise mais detalhada de cada produto ou serviço, mas colocar no papel os custos para desenvolvimento e produção, bem como o valor possível de venda, já permite obter uma noção geral da viabilidade econômica da inovação de maneira simples e rápida.

Figura V.1 Etapas do processo de inovação: da concepção das ideias até chegar ao mercado.

Entre as possibilidades de levar as inovações ao mercado, há a possibilidade de desenvolvimento de uma nova empresa, como uma *startup*, tendo como base a nova tecnologia ou serviço desenvolvido. Nesse caso, para transformar a invenção em um produto de utilidade prática é necessária a presença do empreendedor. Walter Isaacson, em "Os Inovadores" (2014)[32] aponta três elementos fundamentais para a inovação: uma grande ideia, talento e tino comercial para levar a tecnologia ao mercado. Muitas vezes, será necessária ainda a busca por investimentos para o desenvolvimento da empresa. O processo, além da inovação, pode ser tão (ou mais) complexo que o próprio processo criativo que levou a essa.

Algumas universidades e centros de pesquisa têm estimulado a criação de *startups* com a criação de incubadoras de bases tecnológicas, ou a execução de um programa de empreendedorismo.[67] As incubadoras de empresas podem exercer um papel central no processo de criação de valor das empresas de origem acadêmica (chamadas de *spin-offs)*, apoiando as *startups* com infraestrutura, e auxiliando o universitário na fase inicial do empreendimento, de maneira a reduzir a lacuna entre a academia e o mercado. Além disso, auxilia o empreendedor na gestão do empreendimento e a superar barreiras de mercado para o desenvolvimento das atividades da *startup*.[68,69]

Uma das universidades pioneiras nesse processo foi a Universidade de Stanford. Nos Estados Unidos, na década de 1990, a maioria das universidades de elite enfatizava a pesquisa acadêmica. A interação com empresas e o empreendimento acadêmico era incipiente. Nesse período, a Universidade de Stanford abriu o caminho ao considerar a universidade não apenas uma academia, mas uma criadora de ideias empreendedoras, que levou ao desenvolvimento de empresas como a Hewlett-Packward, Cisco, Yahoo e o Google. Eles acreditavam que a produtividade na pesquisa era maior, porque havia um pilar no mundo real, o que era um problema em universidades nas quais a pesquisa estava voltada, majoritariamente, para fins acadêmicos. A Universidade de Stanford não apenas permitia que os estudantes trabalhassem em empreendimentos comerciais, como incentivava e facilitava tais iniciativas com escritório para ajudar no patenteamento e em acordos de licenciamento. Segundo o reitor, John Etchemendy, em Stanford "as pessoas realmente entendem que, às vezes, a melhor maneira de causar efeito no mundo não é escrever um trabalho acadêmico, mas pegar a tecnologia em que você acredita e fazer algo com ela".[32]

Algumas cidades também apresentam Parques Tecnológicos, que são espaços nos quais várias empresas podem se instalar e desfrutar de uma série de serviços compartilhados no local: como internet, estrutura, espaços de co-working, salas de reuniões, entre outros. Estudos mostram que universidades ligadas a incubadoras e parques tecnológicos apresentam impacto positivo e efetivo sobre a gestão da inovação, em especial, no desenvolvimento de *spin-offs*.[68–70]

É fundamental que as ideias passem por todo o processo de transformação para que cheguem ao mercado. Quando parte do fluxo falha, as inovações ficam restritas aos seus inventores ou ao ambiente acadêmico e, possivelmente, são esquecidas pela história. Pelo menos até alguém identificar os "sinais" deixados por descobertas anteriores explorando lacunas ocultas. Assim, o ciclo recomeça até uma nova tecnologia atingir o mercado e ir além da inovação.

Capítulo 51
O teste final

Depois de muito suor, aquele sinal identificado se transformou em uma inovação e é o momento de testá-la. Muitas inovações morrem nesse momento, já que colocar as ideias em prática demanda um esforço (físico e mental) com o qual muitos não estão preparados para lidar, mas não adianta chegar até aqui e morrer na praia.

O projeto foi desenvolvido e os produtos foram desenvolvidos. A patente foi depositada e está concedida. Já há produtos prontos em estoque. O aplicativo está pronto para sair de fase beta. O novo negócio genial desenvolvido está pronto para ser lançado. Enfim, chega a inovação? Ainda não! E se ninguém comprar o produto? Ou não aparecer na loja? E se o produto encalhar nas vendas e ninguém se interessar pelo aplicativo? A verdade é que o teste final só se tem quando a inovação de fato atinge o consumidor. E se ele não se interessar, todo aquele trabalho vai ficar preso no status de invenção.

Um dos meios de colocar as inovações em cheque é por meio da criação de um Mínimo Produto Viável (MVP, de *Minimum Viable Product*).[71] O MVP é como uma versão simplificada do produto final. Ele pode ser lançado em período de testes para verificar, sem grandes gastos, se a inovação atinge as necessidades e anseios do cliente final. Assim, é possível fazer aprimoramentos no produto com base no *feedback* recebido de um personagem primordial para qualquer inovação: o consumidor.

O processo de desenvolvimento do produto é contínuo e incremental. A ideia deve ser aprimorada, permanentemente, com novos "sinais" recebidos até mesmo de clientes, fornecedores, colaboradores internos, e outros. Para ir além da inovação é preciso atingir o consumidor final. Essa é a regra de ouro da inovação. Não importa se a inovação é no Google, na Apple, na Cacau Show, na NASA, ou na doceria local. Criar algo inovador e entregar valor para o cliente é o que leva a resultados sustentáveis para as empresas.

Pontos principais

- É fundamental que as lacunas sejam encontradas antes das soluções. Há a tendência de querer apressar o processo, tentando encontrar lacunas para as soluções já existentes.
- Quanto mais tempo se passar absorvendo os "sinais", dominando as análises, explorando e experimentando, ao fim será capaz de encontrar um espaço singular que poderá dar luz a algo novo e inovador.
- Todos os modelos para gestão da inovação lidam com um problema, uma contradição, ou uma lacuna. E o modo de resolver essa lacuna pode ser com um princípio inventivo; aumentando, reduzindo, incorporando ou eliminando algumas características; ou mesmo definindo o problema, tomando emprestado e aperfeiçoando soluções de outras tecnologias. Não importa o modelo que seja escolhido, todos são complementares e podem ajudar a guiar o processo de encontrar soluções para as lacunas.
- Apesar dos modelos apresentados permitirem encontrar inovações e soluções, uma nova ideia pode surgir de um modo intuitivo.
- Ao achar que já se sabe determinada questão, a mente automaticamente se fecha a qualquer outra possibilidade, vendo reflexos de verdades do que já foi presumido.
- Fuja da tendência inconsciente de tentar se agarrar aos velhos padrões e a coisas que funcionam: métodos, soluções, princípios criativos, estratégias que funcionam. Quando se acerta em algo que funciona, não espere que funcione novamente para todos os casos.
- Por mais que queira saber para onde se está caminhando e a incerteza seja desconfortável, o processo criativo exige percorrer caminhos que podem levar a qualquer lugar. As pessoas mais criativas têm a singular capacidade de observar o mundo de vários ângulos diferentes, de

- maneira a perceber aspectos que outros não veem ou ignoram.
- Grandes inovações decorrem muito mais de um trabalho coletivo do que individual.
- Apesar da liberdade, ajudar no processo criativo, permitindo tempo para refletir, desenvolver ideias e fazer conexões, é importante impor limites para fomentar a inovação.
- Muitas vezes, os melhores *insights* virão dos lugares menos esperados. De outras áreas, de outros materiais, de outros setores tecnológicos. Os "sinais" que vão levar a novas ideias podem vir de informações de múltiplas fontes. O processo criativo pode vir de associações e conexões, e esse é prejudicado por uma visão afunilada da mesma área de pesquisa.
- Ideias podem surgir em um momento em que não há tecnologia suficiente para implementá-la. A inovação, muitas vezes, é questão de tempo.
- O "melhor" fracasso é o de experimentar e errar. Todo o aprendizado adquirido com o erro supera o medo de nem ter tentado errar. Quanto antes fracassar, mais rápido pode se chegar às inovações relevantes.
- Cuidado com a abordagem alienante, em que se fica tão obcecado em encontrar as respostas "corretas" que a tendência é tentar mostrar com métodos apropriados algo que já era presumido.
- Uma das perguntas que deveria ser feita, com mais frequência, em qualquer processo de inovação é: "Isso é realmente um problema?". O questionamento reflete a importância do problema para qual a inovação se direciona a tentar resolver.
- Chegar até a inovação é só o início de processo que acontece, usualmente, por meio de quatro etapas: ideias, invenção, inovação e mercado.
- É importante averiguar se o desenvolvimento, produção e comercialização da inovação se apresentam viáveis economicamente. Custos muito altos podem travar inovações que atingem o mercado com preços demasiadamente altos.
- A transferência de tecnologia, por meio de licenciamento, e o

desenvolvimento de *startup* são possibilidades de levar as inovações ao mercado.

- O processo de desenvolvimento do produto é contínuo e incremental. A ideia deve ser aprimorada, permanentemente, com novos "sinais" recebidos até mesmo de clientes, de fornecedores, de colaboradores internos, e outros. Para ir além da inovação é preciso atingir o consumidor final.

SINAIS – ALÉM DA CRIATIVIDADE

Epílogo
O Início da Inovação

A Teoria dos Sinais da Inovação mostra um meio para inovar e agrupar informações identificando os "sinais" e as lacunas que levam ao desenvolvimento de novas tecnologias. Identificar as lacunas e resolver os tantos problemas que existem no mundo, em qualquer setor, abre oportunidades promissoras para desenvolver um novo produto, uma nova ideia, uma nova empresa. O processo de inovação envolve não apenas a identificação e exploração de oportunidades, como também o desenvolvimento de projetos, a análise de viabilidade e custos, e de diversos outros aspectos de mercado para que a inovação atinja o público.

A concepção de uma ideia é apenas o início do caminho. A inovação é como um rio cheio de afluentes (Figura V.2).[72] A inovação nasce e pode ir recebendo vários aprimoramentos nos seus afluentes com novas ideias, passando por um longo trajeto de melhorias até que atinja o mercado. O processo criativo pode ser desenvolvido por qualquer um, e não depende de gênero, genética, e muito menos do lado direito do cérebro.

Além disso, a Teoria permitiu que se aprimorasse um método sistemático para inovar, que pode ser ensinado e aprendido por qualquer um. Apesar de alguns autores relatarem que, pela alta complexidade exigida na análise, somente pessoas altamente qualificadas poderiam analisar documentos de patentes e de artigos, espera-se que esse mito tenha sido desmistificado. Da mesma forma que nem todas as ferramentas disponíveis se apresentam exploradas, em sua totalidade, acredita-se que mesmo em parte essas podem facilitar a identificação de soluções técnicas e de espaços para inovar.

Também é importante ressaltar que os "sinais", que podem ser identificados, não têm origem apenas da informação científica e tecnológica disponível, mas de tudo que cerca o ser humano. As experiências prévias, a intuição, o conhecimento de outros setores e, inclusive, a ajuda de colaboradores podem auxiliar em qualquer etapa do caminho até a inovação. Talvez, o que mais diferencie aqueles que são considerados como gênios criativos dos demais seja a capacidade que eles possuem de manter a mente aberta. Estar aberto a receber os "sinais" de qualquer fonte facilita na identificação de oportunidades, seja durante uma análise mais completa da informação disponível, seja no dia a dia ao perceber oportunidades em locais que ninguém mais vê. O aprimoramento dessas capacidades faz com que a inovação seja um processo natural e até mesmo rotineiro.

Figura V.2 Inovação é como um rio e seus afluentes.[72]

O próprio empreendedorismo é fruto de oportunidades promissoras identificadas e aproveitadas por indivíduos que pensaram, de forma independente, se adaptaram rapidamente e possuíam pontos de vista únicos. Mesmo Steve Jobs e Bill Gates se cercaram de equipes fortes e promoveram o trabalho colaborativo. O sucesso das inovações e dos empreendimentos que surgem dessas depende, fortemente, de pessoas que promovam a colaboração, forneçam uma visão clara, inspirem lealdade e, principalmente, tenham dedicação ao desenvolvimento da ideia.

Muitas vezes, esse cliente pode não perceber os benefícios da inovação ou o desenvolvimento da inovação pode exigir um custo inviável, ou há barreiras burocráticas para levar o produto ao mercado. Ainda, o depósito da patente pode ter custos altos que não podem ser bancados (e o prazo se esgota para o depósito em outros países). O "jogo" da inovação é desafiador em todas as etapas. Como em uma corrida de cavalos, a inovação também exige superar os obstáculos que aparecem à frente, e o azarão pode ser o campeão. Cair e saber se levantar é fundamental para não andar, andar, andar... e morrer na praia.

Descobrir em que lugar encontrar caminhos com oportunidades para inovar, e conseguir percorrer esse caminho até o final envolve conhecer a si mesmo e ao ambiente externo, lidando com muitos altos e baixos. Envolve, ainda, conhecer seus pontos fortes, as condições macroeconômicas, as necessidades do mercado, as fragilidades da concorrência, os anseios dos clientes. Algumas ideias e empresas podem ficar pelo caminho, sem conseguir acompanhar as mudanças nas expectativas do consumidor. Transformar a ideia em inovação real, em que os clientes percebam o valor em relação às alternativas é o objetivo final do processo.

Espera-se que este livro tenha permitido passear sobre as diversas etapas que levam até as inovações. Como em um jogo de videogame, o desempenho de cada etapa pode ser facilitado e acelerado com aquisição de novos "poderes". Para chegar ao mercado, os investidores, os pesquisadores, os centros de pesquisa e outros atores poderão facilitar e acelerar as etapas, fornecendo *insights* precisos que vão ajudar a ir além da criatividade, mas ao contrário do videogame, esses poderes não surgirão, automaticamente, no meio do caminho. É preciso se movimentar para chegar lá. Na verdade, é preciso se movimentar para chegar a qualquer etapa, mas se chegou aqui, um movimento importante já foi dado a caminho da inovação.

Agradecimentos

O processo de escrever este livro foi uma experiência desafiadora e prazerosa. A ideia inicial era um livro guia de como fazer busca de patentes. Já havia ministrado algumas aulas a respeito, quando ainda estava no mestrado. Sempre houve a vontade de escrever um livro, o difícil era organizar o tempo para se dedicar ao trabalho. Não é certo o momento que surgiu a ideia deste livro, mas que foi em meados de 2015. Com o mestrado finalizado no início de 2016, a vontade de finalizar este livro foi se intensificando. Concluí o MBA em Gestão Estratégica de Negócios em agosto daquele mesmo ano, com um trabalho de conclusão de curso relacionado à Gestão da Inovação na UFPel. Já tinha iniciado o doutorado, quando teve início a concepção deste livro. Em meio a projetos, artigos e atividades curriculares, se dedicar para um livro com maior afinco só foi possível nas férias de dezembro daquele ano.

Este livro, desde o início, foi um trabalho muito mais pessoal do que uma "obrigação acadêmica". Desde o início esse livro contou com o suporte dos meus orientadores da pós-graduação de quem sou grato por diversos trabalhos em parceria nos últimos anos: a Prof[a]. Adriana Silva e o Prof. Evandro Piva. Foi finalizada uma primeira versão na primeira quinzena de janeiro de 2017. Sabia que o processo de aprimoramento levaria mais alguns meses (ou anos), e precisava deixar as ideias incubarem. Inicialmente, organizamos em três partes principais, que foram depois ampliadas para as cinco finais. Com a primeira versão pronta, era hora de colocar o livro a prova. E como abordei em um dos capítulos do livro, as melhores pessoas para ajudar a julgar um trabalho são os próprios colegas com experiência na área.

Só tenho a agradecer a Profª. Adriana Silva e ao Prof. Evandro Piva pelo suporte neste livro, desde a concepção de algumas ideias fundamentais para a obra, até a finalização e suporte na publicação do trabalho. Nesse tempo, muito texto foi eliminado, reescrito ou acrescentado. A ordem dos capítulos e de alguns trechos inteiros foi modificada tantas vezes que o livro é quase outro daquela versão inicial. Creio (e espero) que tenha ficado melhor. Foi um processo diferente daquele de escrever projetos, artigos ou capítulos de livros acadêmicos dos quais estamos mais acostumados na pós-graduação.

Gostaria de agradecer também a Faculdade de Odontologia da UFPel, em especial, ao Programa de Pós-graduação e aos colegas docentes e discentes altamente qualificados que fazem parte do grupo. Estar cercado de pessoas altamente competentes motiva a procurar sempre o melhor de nós mesmos. Também gostaria de agradecer aos amigos que me acompanharam nesses anos de graduação e pós-graduação, especialmente a Karine Duarte da Silva e ao Lucas Pradebon Brondani, por toda ajuda quando precisei e apoio neste projeto. Ao Arthur Dias Galarça, pela ajuda na revisão bibliográfica para este livro.

No meio da concepção deste livro também conheci aquela que foi de importância fundamental para a finalização deste trabalho, Verônica Pereira de Lima. Só tenho a agradecer pela parceria e companheirismo de sempre no nosso relacionamento e, principalmente, pela paciência, atenção e bom humor diários. Obrigado por toda a ajuda, especialmente, na finalização deste livro e nos toques finais em alguns detalhes fundamentais deste. E, em especial, a minha família, pelo apoio na minha formação e toda ajuda, quando foi preciso. Os valores que me ensinaram sempre serviram de inspiração nos momentos mais desafiadores. Vocês são incríveis!

Wellington Luiz de Oliveira da Rosa

Referências

1. Zook C, Allen J. A mentalidade do Fundador. Novo Século, 2016.
2. Endeavor. 3 Caminhos para Colocar a Inovação em Prática [acesso em 26 abril 2018]. Disponível em: https://endeavor.org.br/3-caminhos-para-colocar-a-inovacao-em-pratica/.
3. TechTudo. Google [x]: o misterioso laboratório da Google [acesso em 26 abril 2018]. Disponível em: https://www.tecmundo.com.br/google/40725-google-x-o-misterioso-laboratorio-da-google.htm
4. Forés B, Camisón C. Does incremental and radical innovation performance depend on different types of knowledge accumulation capabilities and organizational size? J Bus Res 2016 Jul 1; 69: 831–48.
5. Geiger S, Finch J. Making incremental innovation tradable in industrial service settings. J Bus Res 2016 Mar 2; 69: 2463–70.
6. Farjoun M. Beyond dualism: Stability and change as a duality. Acad Manag Rev 2010 Apr; 35: 202-25.
7. He ZL, Wong PK. Exploration vs. Exploitation: An Empirical Test of the Ambidexterity Hypothesis. Organ Sci 2004; 15: 481–94.
8. Schmidt E, Rosenberg J. Como o Google Funciona. Intrínseca, 2015.
9. Robinson P. Competing in the global economy: the innovation challenge. Dep Trad Ind; 2003.
10. Isaacson W. Einstein: sua vida, seu universo. Companhia das Letras, 2007.
11. Greene, R. Maestria. Sextante; 2013.
12. Corballis MC. Left Brain, Right Brain: Facts and Fantasies. PLoS Biol 2014; 12: e1001767. Disponível em: https://doi.org/10.1371/journal.pbio.1001767.
13. Roberts JS. Infusing Entrepreneurship within Non-Business Disciplines: preparing artists and others for self-employment and entrepreneurship. Artivate A J Entrep Arts 2013; 1: 53–63.
14. van Schaik CP, Burkart J, Damerius L, Forss SI, Koops K, van Noordwijk MA, et al. The reluctant innovator: orangutans and the phylogeny of creativity. Philos Trans R Soc Lond B Biol Sci 2016; 371: 1690.

15. Fink A, Benedek M, Grabner RH, Staudt B, Neubauer AC. Creativity meets neuroscience: Experimental tasks for the neuroscientific study of creative thinking. Methods 2007; 42: 68–76.

16. Altshuller G. And Suddenly the Inventor Appeared: TRIZ, the Theory of Inventive Problem Solving. Technology; 1996.

17. Kim WC, Mauborgne R. A estratégia do oceano azul: como criar novos mercados e tornar a concorrência irrelevante. Campus, 2005.

18. Murray DK. A Arte de Imitar: Seis passos para inovar em seus negócios copiando a ideia dos outros. Campus, 2010.

19. Gallo C. Inovação: A Arte de Steve Jobs. Lua de Papel, 2010.

20. Isaacson W. Steve Jobs. Companhia das Letras, 2011.

21. Nobrega C, Lima AR. Innovatrix. Negócios, 2010.

22. Mann DL. Better technology forecasting using systematic innovation methods. Technol Forecast Soc Change 2003; 70: 779–95.

23. Akay D, Demıray A, Kurt M. Collaborative tool for solving human factors problems in the manufacturing environment: the Theory of Inventive Problem Solving Technique (TRIZ) method. Int J Prod Res 2008; 46: 2913–25.

24. Kim J, Kim J, Lee Y, Lim W, Moon I. Application of TRIZ creativity intensification approach to chemical process safety. J Loss Prev Process Ind 2009; 22: 1039–43.

25. Darrell M. Manufacturing technology evolution trends. Integr Manuf Syst 2002; 13: 86–90.

26. Fresner J, Jantschgi J, Birkel S, Bärnthaler J Krenn C. The theory of inventive problem solving (TRIZ) as option generation tool within cleaner production projects. J Clean Prod 2010; 18: 128–36.

27. Pin SC, Haron F, Sarmady S, Talib AZ, Khader AT. Applying TRIZ principles in crowd management. Saf Sci 2011; 49: 286–91.

28. Ferreira A. Dono da Cacau Show começou vendendo chocolates em Fusca. Uol notícias; 2012. Disponível em: https://economia.uol.com.br/noticias/redacao/2012/09/24/dono-da-cacau-show-comecou-vendendo-chocolates-em-fusca.htm [acessado em 26/04/2018].

29. Garud R, Gehman J, Kumaraswamy A. Complexity arrangements for sustained innovation: Lessons from 3M Corporation. Org Stud 2011; 32.

30. Provost F, Fawcett T. Data Science and its Relationship to Big Data and Data-Driven Decision Making. Data Sci Big Data 2013; 1: 51–59.

31. Cui B, Mei H, Ooi B C. Big data: The driver for innovation in databases. Natl Sci Rev 2014; 1: 27–30.

32. Isaacson W. Os inovadores: uma biografia da revolução digital. Companhia das Letras, 2014.

33. Brin S, Page L. Reprint of: The anatomy of a large-scale hypertextual web search engine. Comput Net 2012; 56: 3825–33.

34. Page L. Method for node ranking in a linked database. US 7058628 1998; 1: 1–13.

35. Dickersin K, Scherer R, Lefebvre C. Identifying relevant studies for systematic reviews. BMJ 1994; 309: 1286–91.

36. Higgins J P, Green S. Cochrane Handbook for Systematic Reviews of Interventions: Cochrane Book Series. Cochrane Handbook for Systematic Reviews of Interventions: Cochrane Book Series 2008 sep 22. Disponível em: https://onlinelibrary.wiley.com/doi/book/10.1002/9780470712184 [Acessado em 26/04/2018].

37. Renato A, Marcos BC, Torriani MA, Lund RG, Da Rosa WLO, Silva AF. Comparative Effectiveness of Dental Sculpture Pedagogy: A Systematic Review. J Dent Educ 2015; 79: 914–21.

38. Da Rosa WLO, Silva TM, Lima GS, Silva AF, Piva E. Fifty years of Brazilian Dental Materials Group: scientific contributions of dental materials field evaluated by systematic review. J Appl Oral Sci 2016; 24: 299–307.

39. Cocco AR, Da Rosa WLO, Silva AF, Lund RG, Piva E. A systematic review about antibacterial monomers used in dental adhesive systems: Current status and further prospects. Dent Mater 2015; 31: 1345–62.

40. Da Rosa WLO, Silva AF, Oliveira AS, Lund RG, Leites ACBR, Piva E. Monitoramento tecnológico dos agentes dessensibilizantes dentinários. Rev da Fac Odontol Passo Fundo 2014: 19; 107–14.

41. Garcia R, Zanini B, Costa L. Bond strength of self-etching adhesive systems on unground and ground enamel. RSBO 2007; 4: 20–28.

42. Da Rosa WLO, Oliveira SGD, Rosa CH, Silva AF, Lund RG, Piva E. Current Trends and Future Perspectives in the Development of Denture Adhesives: An Overview Based on Technological Monitoring Process and Systematic Review. J Biomed Sci 2015; 4: 1–7.

43. Da Rosa WLO, Cocco AR, Silva TMD, Mesquita LC, Galarça AD, Silva AF, Piva E. Current trends and future perspectives of dental pulp capping materials: A systematic review. J Biomed Mater Res Part B Appl Biomater. 2017; 1–11.

44. Da Rosa WLO, Piva, E, Silva AF. Bond strength of universal adhesives: A systematic review and meta-analysis. J Dent 2015; 43: 765–76.

45. Sedrez-Porto J A, Da Rosa WLO, Silva AF, Munchow E A, Pereira-Cenci T. Endocrown restorations: A systematic review and meta-analysis. J Dent 2016; 52: 8–14.

46. Doyle AC. A Estrela de Prata e Outras Aventuras de Sherlock Holmes. Ediouro-Tecnoprint, 1985.

47. Bono, E. Criatividade Levada a Sério. Thomson Pioneira, 1994.

48. Brown, T. Design Thinking - Uma Metodologia Poderosa Para Decretar o Fim Das Velhas Ideias. Elsevier, 2010.

49. Burnett, B. & Evans, D. O Design da Sua Vida: Como criar uma vida boa e feliz. Rocco, 2017.

50. Petervari J, Osman M, Bhattacharya J. The role of intuition in the generation and evaluation stages of creativity. Front Psychol 2016; 7: 1–12.

51. Catmull E. Criatividade S.A. Rocco, 2014.

52. Chamine S. Inteligência Positiva: Por que só 20% das equipes e dos indivíduos alcançam seu verdadeiro potencial e como você pode alcançar o seu. Objetiva, 2013.

53. Schlender B, Tetzeli R. Como Steve Jobs virou Steve Jobs. Intrínseca, 2015.

54. Grant A. Os Originais. Sextante, 2017.

55. Isaacson W. Leonardo Da Vinci. Intrínseca, 2017.

56. Stokes PD. Variability, constraints, and creativity. Shedding light on Claude Monet. Am Psychol 2001; 56: 355–59.

57. Gabriel, M. Educ@r - A (r)evolução Digital na Educação. Editora Saraiva, 2013.

58. Dyer JH, Gregersen HB, Christensen CM. The innovator's DNA: Mastering the five skills of disruptive innovators. Harv Bus Rev 2011; 87: 304.

59. Kurzweil, R. Como Criar Uma Mente - Os Segredos do Pensamento Humano. Aleph, 2014.

60. Garret F. Drones são proibidos de voar sobre cidades por nova regra da Aeronáutica. TechTudo; 2016. Disponível em: http://www.techtudo.com.br/noticias/noticia/2016/01/aeronautica-cria-novas-regras-para-drones-e-proibe-voo-em-area-urbana.html [Acessado em: 27/04/2018].

61. Padrão M. Só lei federal pode regulamentar ou proibir o Uber. Uol notícias; 2015. Disponível em: https://tecnologia.uol.com.br/noticias/redacao/2015/09/24/so-lei-federal-pode-regulamentar-ou-proibir-o-uber-diz-ministra-do-stj.htm [Acessado em: 27/04/2018].

62. McQueen M. Four Things Blackberry Could Have Done To Compete In The Smartphone Wars. Business Insider Australia; 2013.

63. Alves W. Streaming representou 43% das receitas do mercado da música em 2017. Canal Tech; 2018. Disponível em: https://canaltech.com.br/musica/streaming-representou-43-das-receitas-do-mercado-da-musica-em-2017-112408/ [Acessado em: 27/04/2018].

64. Melville A. Amazon Go Is About Payments, Not Grocery. Forbes, 2017.

65. Cooper AC, Woo CY, Dunkelberg WC. Entrepreneurs' perceived chances for success. J Bus Ventur 1988; 3: 97–108.

66. Dunning D, Heath C, Suls JM. Flawed Self-Assessment. Psychol Sci Public Interes. 2004; 5: 69–106.

67. Meyer M, Siniläinen T, Utecht JT. Towards hybrid triple helix indicators: A study of university-related patents and a survey of academic inventors. Scientometrics 2003; 58: 321–50.

68. Chandra A, Chao CA. Country context and university affiliation: A comparative study of business incubation in the United States and Brazil. J Technol Manag Innov. 2016; 11: 33–45.

69. Corsi C, Prencipe, A. Improving innovation in University Spin-offs. The fostering role of university and region. J Technol Manag Innov. 2016; 11: 13–21.

70. Soetanto D, Jack S. The impact of university-based incubation support on the innovation strategy of academic spin-offs. Technovation 2016; 50: 25–40.

71. Ries E. A Startup Enxuta. Lua de Papel, 2011.

72. Barbieri JC, Álvares ACT, Cajazeira J E R. Gestão de ideias para inovação contínua. Bookman, 2009.

Apêndices

Apêndice A. Principais bases de dados de patentes de acordo com países e organizações

País/Organização	Base de dado
Alemanha	https://depatisnet.dpma.de/DepatisNet/
América Latina	http://lp.espacenet.com/
Austrália	http://pericles.ipaustralia.gov.au/ols/auspat/
Brasil	https://gru.inpi.gov.br/pePI/jsp/patentes/PatenteSearchBasico.jsp
Canadá	http://brevets-patents.ic.gc.ca/opic-cipo/cpd/eng/introduction.html
Chile	http://ion.inapi.cl:8080/Patente/ConsultaAvanzadaPatentes.aspx
China	http://www.pss-system.gov.cn/sipopublicsearch/ensearch/searchEnHomeIndexAC.do
Cingapura	https://www.ip2.sg/RPS/WP/CM/SearchSimpleP.aspx?SearchCategory=PT
Escritório Europeu de Patentes (EPO)	https://worldwide.espacenet.com
Eslováquia	http://www.upv.sk/?databases-and-registers
Eslovênia	http://www2.uil-sipo.si/dse.htm
Espanha	http://invenes.oepm.es
Estados Unidos da América	https://www.uspto.gov
Finlândia	http://patent.prh.fi/patinfo/default2.asp
França	http://bases-brevets.inpi.fr/en
Hungria	http://www.hipo.gov.hu/kereso/
Índia	http://ipindiaservices.gov.in/patentsearch/search/index.aspx
Irlanda	http://www.patentsoffice.ie/en/patents_searching.aspx
Japão	https://www19.j-platpat.inpit.go.jp/PA1/cgi-bin/PA1INIT?1483498810542
Nova Zelândia	http://www.iponz.govt.nz/app/Extra/IP/PT/Qbe.aspx?sid=635310401987053816
OHIM (Office for Harmonization in the Internal Market)	https://oami.europa.eu/ohimportal/en/databases
Organização Eurasiana de Patentes (EAPO)	http://www.eapatis.com/ensearch/
PatentScope	https://patentscope.wipo.int/search/en/search.jsf
Reino Unido	http://www.ipo.gov.uk/types/patent/p-os/p-find.htm
República da Coreia	http://www.kipris.or.kr/khome/main.jsp
República Tcheca	http://www.upv.cz/en/client-services/online-databases/patent-and-utility-model-databases.html
Roménia	http://bd.osim.ro/cgi-bin/invsearch8
Rússia	http://www1.fips.ru/wps/wcm/connect/content_en/en/informational_resources/databases1
Suíça	https://www.swissreg.ch/
Tailândia	http://203.209.117.243/DIP2013/simplesearch.php

Adaptado de http://www.wipo.int/patentscope/en/national_databases.html

Apêndice B. Outras fontes de informação tecnológica

Base de dados	Breve descrição da informação disponível
Propriedade Industrial	
WIPO IP Statistics Data Center (WIPO: http://ipstats.wipo.int/ipstatv2/)	Coleção nacional de dados sobre patentes, modelos de utilidade, marcas comerciais e desenhos industriais de cerca de 190 países. Contém diversos indicadores que podem ser analisados.
Intellectual Property Government Open Data 2014 (IPGOD; IP Australia: https://data.gov.au/dataset/intellectual-property-government-open-data)	Inclui mais de 100 anos de direitos de Propriedade Intelectual (PI) administrados pelo IP Austrália, incluindo patentes, marcas comerciais, desenhos. Os dados são altamente detalhados, incluindo informações sobre cada aspecto do processo de depósito, desde a aplicação até a concessão de direitos.
Patentes	
EPO Worldwide Patent Statistical Database (PATSTAT) (European Patent Office: http://www.epo.org/searching-for-patents/business/patstat.html)	Dados bibliográficos, citações e famílias de patentes de cerca de 70 milhões de pedidos de patentes em mais de 80 países. É exigida uma subscrição com taxa mínima.
National Bureau of Economic Research (NBER) patent data (https://sites.google.com/site/patentdataproject/)	Banco de dados amplamente utilizado em pesquisas econômicas. Contém dados de patentes concedidas pelo USPTO, incluindo classes de tecnologia e citações avançadas.
Disambiguation and Co-authorship Networks of the U.S. Patent Inventor Database (1975 - 2010) (Institute of Quantitative Social Science, Harvard University: https://dataverse.harvard.edu/dataverse/patent)	Uma atualização para base original NBER patent data. Esta base contém dados de patentes concedidos pelo USPTO, e é baseada em um algoritmo de desambiguação. É particularmente útil como ferramenta para procurar inventores e remover ambiguação de nomes descritos de formas variadas (por extenso, abreviados).
Organisation for Economic Co-operation and Development (OECD) Triadic Patent Families Database (OECD: http://www.oecd.org/sti/inno/oecdpatentdatabases.htm)	Essa base de dados abrange "patentes triádicas" - conjunto de patentes registradas no EPO, no Escritório de Patentes do Japão (JPO) e concedidas pela USPTO que compartilham uma ou mais aplicações prioritárias. Isso pode ser útil para a identificação de patentes importantes (uma vez que os depósitos mais relevantes usualmente envolvem múltiplas jurisdições). Registro obrigatório.

OECD REGPAT (OECD: http://www.oecd.org/sti/inno/oecdpatentdatabases.htm)	Pedidos de patentes ao EPO e PCT ligados a mais de 5.500 regiões usando os endereços dos inventores/depositantes (abrangendo regiões de países selecionados fora da área da OCDE). Registro obrigatório.
OECD Citations Database (OECD: http://www.oecd.org/sti/inno/oecdpatentdatabases.htm)	Citações de patentes publicadas pelo EPO e Organização Mundial da Propriedade Intelectual (OMPI) através do PCT. Registro obrigatório.

Inovação

Global Innovation Index (INSEAD, Cornell University and WIPO: https://www.globalinnovationindex.org/content.aspx)	Dados em âmbito nacional sobre importação e exportação de bens criativos, royalties e pagamentos de taxas de licença.
Community Innovation Statistics (Eurostat-European Commission: http://ec.europa.eu/eurostat/web/science-technology-innovation/data/database)	Dados das empresas e dos países quanto as despesas em Pesquisa & Desenvolvimento (P&D), a cooperação em matéria de P&D, os fatores que dificultam a inovação, bem como a utilização da propriedade intelectual em vários países europeus.
South African Innovation Survey (Republic of South Africa:http://www.hsrc.ac.za/en/departments/cestii/sa-national-survey-of-research-and-experimental-development)	Dados em âmbito de empresas que abrangem despesas de P&D, cooperação em P&D, fatores que dificultam a inovação, bem como utilização da propriedade intelectual na África do Sul.
International Institute for Management Development (IMD) World Competitiveness Yearbook (IMD: http://www.imd.org/wcc/)	Indicadores nacionais sobre as fontes de competitividade, incluindo a aplicação dos direitos de propriedade intelectual, capacidade de inovação e força da cooperação entre universidades (com base na opinião dos especialistas).
The Global Competitiveness Report (World Economic Forum: http://reports.weforum.org/global-competitiveness-report-2014-2015/)	Indicadores nacionais sobre as fontes de competitividade, incluindo o fortalecimento dos direitos de propriedade intelectual, papel do FDI na transferência de tecnologia (com base na opinião dos especialistas), entre outros.
Global Entrepreneurship Monitor (GEM) - National Expert Survey (GEM: http://www.gemconsortium.org)	Opinião dos especialistas sobre a força das proteções de propriedade intelectual.

Kaufman firm survey (Kaufman foundation: http://www1.kauffman.org/kfs/)	O Kauffman Firm Survey (KFS) é um estudo de 4.928 empresas norte-americanas fundadas em 2004 e rastreadas ao longo de seus primeiros anos de operação. A pesquisa se centra na natureza da atividade de formação de novas empresas: características da estratégia, ofertas e padrões de emprego de novos negócios, natureza dos arranjos financeiros e organizacionais desses negócios; e as características de seus fundadores.
United Nations Educational, Scientific and Cultural Organization (UNESCO) Institute for Statistics Data Centre (UNESCO: http://data.uis.unesco.org/Index.aspx?DataSetCode=INNOV_DS)	Dados em âmbito nacional relativos às despesas em P&D, cooperação em matéria de P&D, fatores que dificultam a inovação, utilização da propriedade intelectual das empresas nacionais. Abrange vários países e regiões.
Historical Cross Country Technology Adoption Dataset (NBER: http://data.nber.org/hccta/)	Adoção de tecnologia por país desde o século XVIII.

Royalties

Royalty payments (International Monetary Fund (IMF): http://data.worldbank.org/indicator/BM.GSR.ROYL.CD)	Balança de Pagamentos com base em pagamentos de royalties.
Royalty receipts (IMF: http://data.worldbank.org/indicator/BX.GSR.ROYL.CD)	Balanço de Pagamentos baseado em recibos de royalties.

Indicadores de Ciência e Tecnologia

Agricultural Science and Technology Indicators (Led by the International Food Policy Research Institute: http://www.asti.cgiar.org/data)	Recursos humanos de P&D do setor agrícola e gastos em âmbito nacional.
Asia Science and Technology Portal (Association of Southeast Asian Nations (ASEAN): http://astp.jst.go.jp/modules/Policies_and_Indicators/)	Indicadores de Ciência e Tecnologia para os países da ASEAN, incluindo despesas com pessoal e P&D.
Eurostat Science and Technology Indicators (Eurostat-European Commission: http://ec.europa.eu/eurostat/web/science-technology-innovation/data/database)	Indicadores de Ciência e Tecnologia de regiões da Europa.

Red Iberoamericana e Interamericana de Indicadores de Ciencia y Tecnología (RICYT) Science and Technology Indicators (http://www.ricyt.org)	Indicadores de Ciência e Tecnologia para países da América Latina, incluindo despesas com pessoal e P&D.
World Bank World Development Indicators (http://data.worldbank.org/topic/science-and-technology)	Compilação coletada de várias fontes sobre indicadores científicos e tecnológicos.

Adaptado de http://www.wipo.int/econ_stat/en/economics/research/

Apêndice C. Passo a passo para encontrar o campo de busca nas principais bases de dados

USPTO (The United States Patent and Trademark Office)

1. Entrar no site do "USPTO": https://www.uspto.gov.
2. Clicar em "Patents" no canto superior e, posteriormente, em "Search for Patents".
3. Encontrado o item "Searching Full Text Patents (Since 1976)", clicar em "Quick search" ou "Advanced Search" para realizar a busca.
4. Encontrado o campo de busca, pode ser realizada a busca com operadores Booleanos (AND/OR/NOT)
5. Pode cruzar os resultados com o IPC (Classificação Internacional de Patentes) ou US Patent Classification (USPC).

EPO (European Patent Office)

1. Entrar no site do "EPO": https://worldwide.espacenet.com
2. Clicar em "Patent search" no canto superior. Para busca avançada, clique em "Advanced patent search".
3. Encontrado o campo de busca, pode ser realizada a busca básica (Smart Search) e/ou avançada (Advanced Search). Operadores Booleanos são aceitos (AND/OR/NOT)
4. Informações legais de cada documento podem ser encontradas no INPADOC (quando disponíveis).
5. Pode cruzar os resultados com o IPC (Classificação Internacional de Patentes)

JPO: Japan Patent Office

1. Entra no site do "JPO": https://www19.j-platpat.inpit.go.jp/PA1/cgi-bin/PA1INIT?1483498810542.
2. Clicar em "PAJ", referente a "Patent & Utility Model".
3. Encontrado o campo de busca, pode ser realizada a busca com operadores Booleanos (AND/OR/NOT)
4. Pode cruzar os resultados com o IPC (Classificação Internacional de Patentes)

PatentScope (WIPO)

1. Entrar no site do "PatentScope": https://patentscope.wipo.int/search/en/search.jsf
2. Encontrado o campo de busca, proceder com a busca.
3. Pode ser realizada a busca com operadores Booleanos (AND/OR/NOT)
4. Pode cruzar os resultados com o IPC (Classificação Internacional de Patentes) ou US Patent Classification (USPC)
5. Após buscar, pode clicar em "Analysis" para análise das patentes resgatadas, com gráficos, tabelas, etc.

INPI (Instituto Nacional de Propriedade Industrial)

1. Entrar no site do "INPI":
2. Clicar em "Faça a Busca" e depois em "Patente".
3. Na mensagem "Para realizar a busca pelo Portal do INPI, **clique aqui.**", clique no *hyperlink* disponível.
4. Se pedir o Certificado do Site, clique em "Continuar".
5. Na página de "Login e Senha", não precisa fazer o login. Pode clicar em "Continuar" na mensagem "Para realizar a Pesquisa, aperte apenas o botão Continuar>>. "
6. Clique em "Patentes" novamente.
7. Encontrado o campo de busca, pode ser realizada a busca básica e/ou avançada. Operadores Booleanos são aceitos (AND/OR/NOT)

Apêndice D. Bases de dados de informação científica

Base de dados	Informação disponível	Endereço
PubMed	Estudos referentes à área da saúde e biologia. Acesso livre.	https://www.ncbi.nlm.nih.gov/pubmed
The Cochrane Library (Cochrane Wiley)	Estudos referentes à área da saúde, com foco em estudos clínicos, protocolos de pesquisa e revisões sistemáticas. Acesso restrito.	http://onlinelibrary.wiley.com/cochranelibrary/search/
EMBASE	Estudos referentes à área da saúde e biologia. Acesso restrito.	https://www.elsevier.com/solutions/embase-biomedical-research
Biblioteca Virtual de Saúde (BVS): LILACS, IBECs, e outros	Base de dados da América Latina com estudos referentes à área da saúde. Inclui teses e dissertações. Acesso livre.	http://bvsalud.org
Web of Science	Estudos referentes à área da saúde e biologia. Acesso restrito.	https://webofknowledge.com/
Scopus	Estudos referentes à área da saúde e biologia. Acesso restrito.	https://www.scopus.com/home.uri
Banco de Teses da USP	Teses e Dissertações da USP. Acesso livre.	http://www.teses.usp.br
Banco de Teses do Portal Capes	Teses e Dissertações Brasileiras. Acesso livre.	http://bancodeteses.capes.gov.br/banco-teses/#/
Banco de Teses IBICT	Teses e Dissertações Brasileiras. Acesso livre.	http://bdtd.ibict.br/vufind/
ProQuest Dissertations & Theses Databases	Teses e Dissertações mundiais. Acesso restrito.	http://www.proquest.com/products-services/pqdtglobal.html
CINAHL Índice cumulativo em enfermagem e ciências afins	Estudos referentes à área da enfermagem. Acesso restrito.	http://www.cinahl.com
PsycINFO Behavioral & Social Sciences: Psychology	Estudos referentes à área da psicologia. Acesso restrito.	http://psycinfo.apa.org
PEDro – Physiotherapy Evidence Database	Estudos referentes à área da fisioterapia. Acesso livre.	https://www.pedro.org.au

FDA U.S. Food and Drug Administration	Dados de alimentos e medicamentos nos EUA. Acesso livre.	http://www.fda.gov
Clinical Trials	Informações quanto aos protocolos de pesquisa e estudos clínicos em andamento. Acesso livre.	https://clinicaltrials.gov
Registro Brasileiro de Ensaios Clínicos	Informações quanto aos protocolos de pesquisa e estudos clínicos em andamento no Brasil. Acesso livre.	http://www.ensaiosclinicos.gov.br/assistance/faq/
TripDatabase: Turning Research intro Practice	Bases de dados da área da saúde que agrupa informações também por categorias. Acesso livre.	https://www.tripdatabase.com